かぎ針で編むショール＆ストール

著 ▼ 寺西 恵里子
Eriko Teranishi

東院 日書

CONTENTS

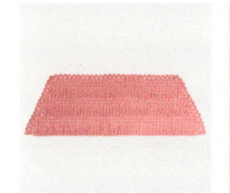 

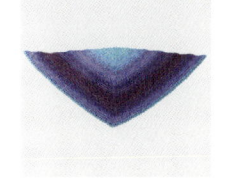

モチーフつなぎの三角ストール
お部屋でも…お外でも…1つあると便利。

ブルータッセルの三角ストール

落ち着いたブルー
タッセルがポイント

ちょっと肌寒いとき…
背中にかけるだけで暖かい

三角を前にしたり、
後ろにしたり…気分で

How to make — P.52

ゴージャスなフリンジストール

ストールの片側の真ん中に
スラブヤーンのフリンジ

大きなストールにフリンジをつけただけ
首回りが豪華な雰囲気に。

ぐるっと巻いても
フリンジが
豪華な雰囲気に…

How to make — P.54

3種類の毛糸で大きめ三角ストール

ぐるぐる巻いたら、
端を結んで、外へ…

How to make — P.56

背中にはおって
お部屋で…

少し折るだけで
襟つきのストールに…

形が台形のストールはとってもキュート
巻いてもはおってもちょっと違う雰囲気に…

ぐるっと巻いたら
端を中に入れてとめます

How to make — P.58

六角形モチーフのシックなショール

シンプルに巻いても
ステキな装いに

グラデーションの毛糸で編んだ
表情の違う六角形のモチーフをつなげて…

1つ1つのモチーフの色が
おしゃれな雰囲気に…

How to make — P.51

13

ゆるやかなカーブが肩になじみます。
リボンを通せば、襟つきショールに…

肩でひと結び
カーブがきれいな
ショールです

How to make — P.60

ベルベットのリボン
通すところで
雰囲気を変えても…

シンプルな方眼の編み目が基本の
大きめのストール。

16

三角を前にして
クルッと巻いて…

How to make — P.62

無造作に巻いて
ストールの端を下に…
ボリュームがおしゃれ

首元でピンをとめれば
スカラップの襟が…

How to make — P.64

短いのが効果的なショールです。
ピンでとめるだけで、いろいろな表情に…

きれいな透かし柄のモチーフ
まわりはかわいいポイント柄で…

縁の柄がチャームポイント
無造作に巻いても…

大きくふんわり巻くと
モチーフ柄がステキに…

How to make — P.68

長々編みのシンプルベースに
大きな花のモチーフが個性を…

花が首の下にくるように
ざっくり巻いて…

花のモチーフのショール

首で1周…
シンプルな巻き方でも
個性的に…

How to make — P.72

1つのコーンで編めるのがうれしい。
色が変わるので編んでいても楽しい。

グラデーションの糸で三角ストール

片方の肩に三角の中心
暖かな装いに…

背中にはおるだけで
気持ちも華やかに…

好きな色を首元に
いろいろできるコーディネート

How to make — P.66

片方を上げると
表情が変わります

落ちてこない…
便利なショール

How to make — P.74

真ん中に穴をあけて…
かぶるだけで、暖かなショールです。

シンプルできれいな
シルエット…

フリンジがかわいいストールです。
前で結んでも後ろで結んでも…

前でクロスするだけ
シンプルもステキなストールです

How to make ― P.76

ゆったりとしたつけ方
小さくても大きなポイントに…

コサージュでとめるミニショール
とめ方でかわいくもおしゃれにも…

リボンのようにとめて
かわいいアクセントに…

How to make — P.78

31

部屋の中で
さっとはおれて…暖かい
外に出るとき
首元に巻いて…暖かい。

編み物がはじめてでも大丈夫…
モチーフつなぎや
まっすぐ編みからはじめてみましょう。

ショール1枚編むだけで…
心も暖かくなります…

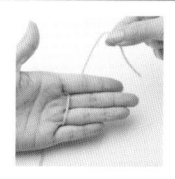 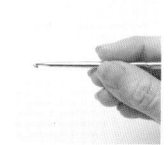 

糸の取り出し方

   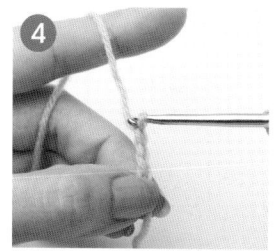

毛糸の中心に指を入れ、中心の毛糸をつまみます。

取り出します。

糸端を取り出します。

ここから、編み始めます。

糸の持ち方

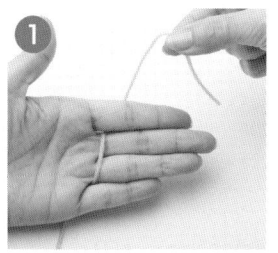 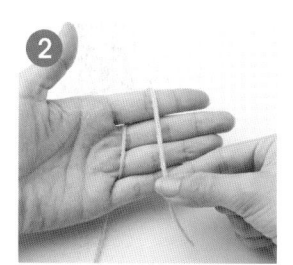 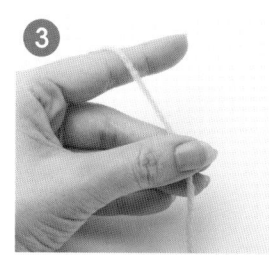

糸を左手の小指の後ろ、薬指と中指の前、人さし指の後ろにかけます。

糸端を前に持ってきます。

人さし指をピンと立て、親指と中指で糸端側を持ちます。

かぎ針の持ち方

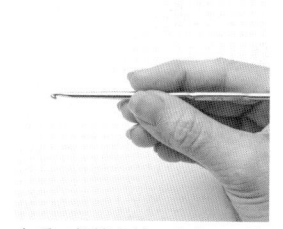

右手で鉛筆を持つように、針のかぎを下に向けて持ちます。

仕上げの仕方

 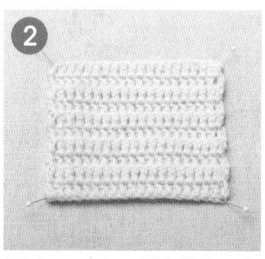 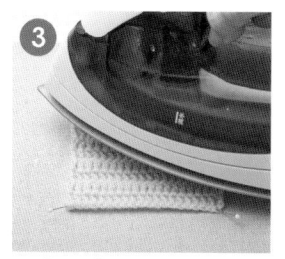 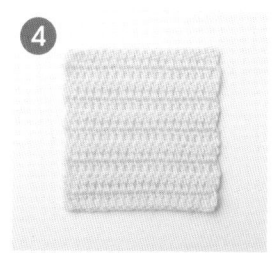

編みあがった編み地です。

アイロン台に、形を整えてまち針でとめます。

アイロンを2〜3cmうかせて、スチームをかけます。

冷めてから、はずします。

基本の作り方ＩＮＤＥＸ

作り目と編み方

はぎ方・つなげ方・タッセルの作り方

作り目と編み方

 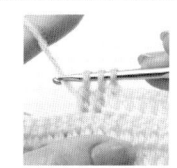 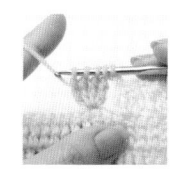

わの作り目

①

左手の指に糸を2回巻き、わを作ります。

②

指からはずします。

③

左手の親指と中指に持ち替えます。

④

❸の→にようにわの中に針を入れ、糸をかけます。

⑤

❹を手前に引き出します。

⑥

針に糸をかけます。

⑦

引き抜きます。わの作り目ができました。

⑧

続けて立ち上がりのくさり編みをし、わの中に針を入れて細編みをします。

⑨

糸端を引っぱります。

⑩

2つのわのうち、❾で動く方のわを引き締めます。

⑪

糸端を引き、残りのわを引き締めます。

くさり編みの作り目

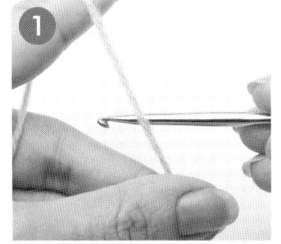
糸の向こう側に針をあてます。

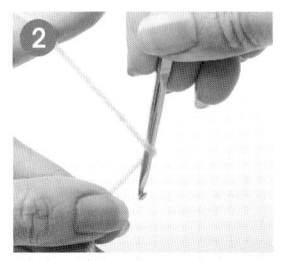
手前に針を回転させます。

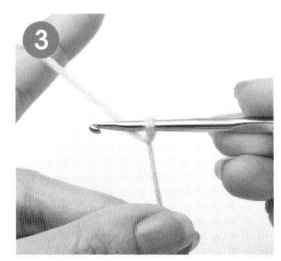
1回転しました。

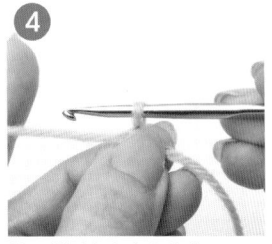
輪の根元をおさえます。

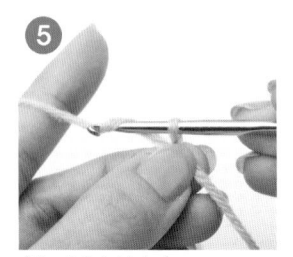
針に糸をかけます。

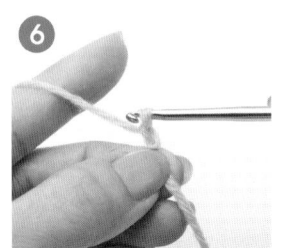
輪から引き抜きます（目数には数えません）。続けて必要な目数のくさり編みをします。

くさり編み

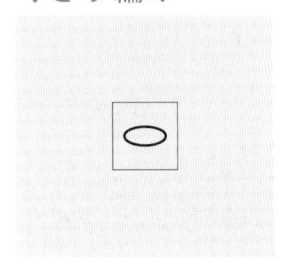

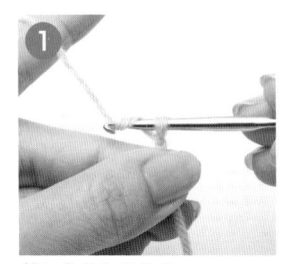
針に糸をかけます。

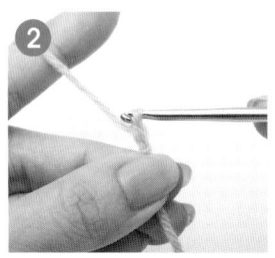
輪から糸を引き抜きます。くさり編みが1目編めました。

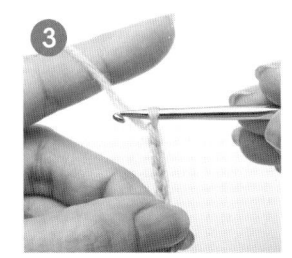
①、②をくり返します。作り目のくさり編みは、1段には数えません。

引き抜き編み

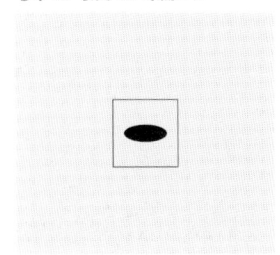

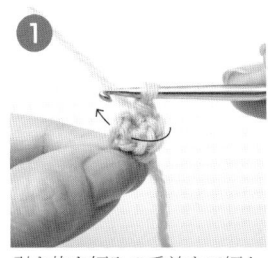
引き抜き編みの手前まで編んだところです。

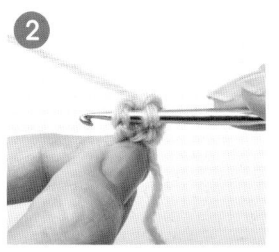
引き抜く目（→）に針を入れます。

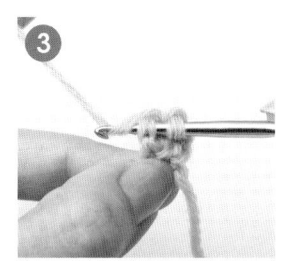
糸をかけます。

細編み

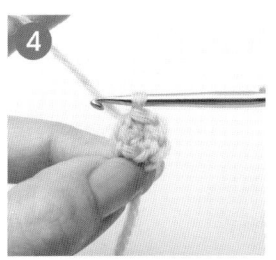

針にかかっている3本をまとめて引き抜きます。引き抜き編みが1目編めました。

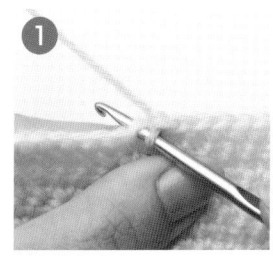

次の目（→）に細編みをします。

針を入れます。

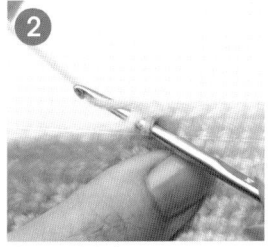

糸をかけます。

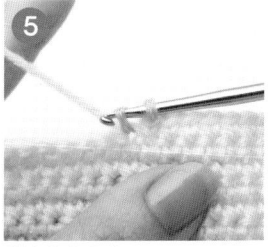

引き抜きます。

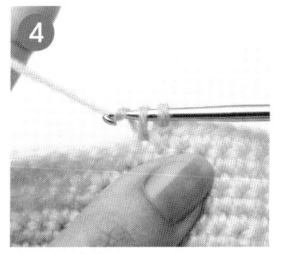

糸をかけます。

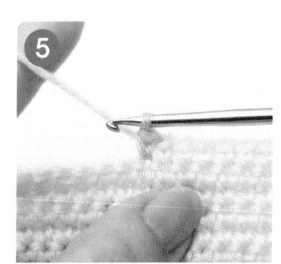

針にかかっている2本をまとめて引き抜きます。細編みが1目編めました。

細編み2目編み入れる

次の目1目（→）に2目編み入れ、目を増やす編み方です。

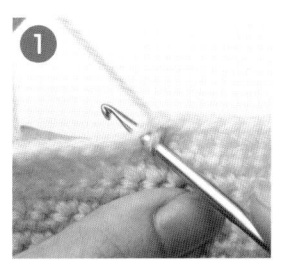

針を入れます。

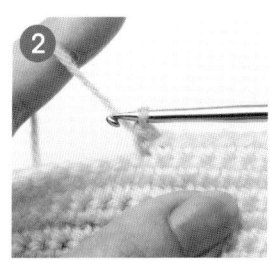

細編みを1目編みます。

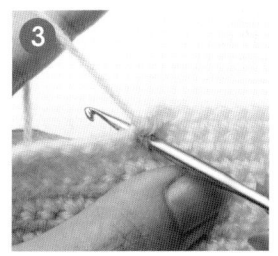

❷と同じ目に、もう一度針を入れます。

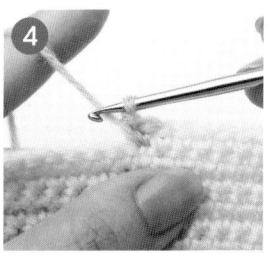

細編みを1目編みます。細編み2目編み入れました。

細編み3目編み入れる

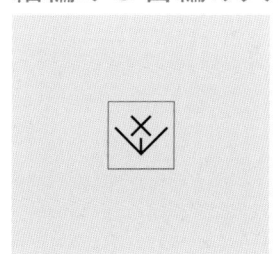

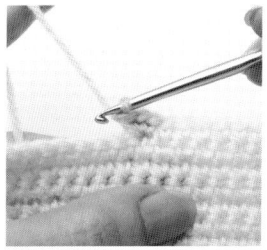

細編み2目編み入れると同様に、同じ目に3目細編みを編みます。

細編み2目一度

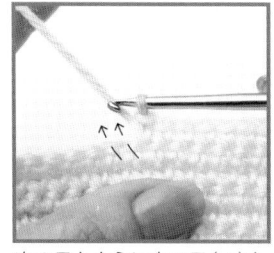

次の目とさらに次の目（→）を
1目に減らす編み方です。

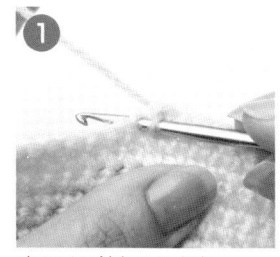

1 次の目に針を入れます。

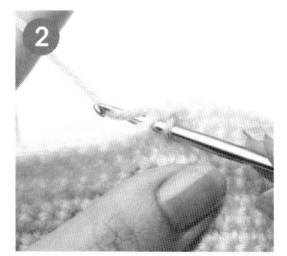

2 糸をかけます。

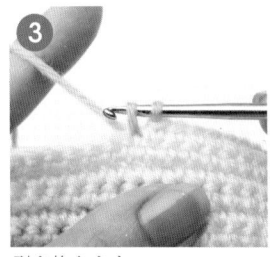

3 引き抜きます。

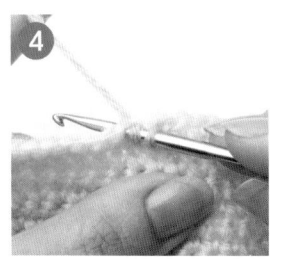

4 さらに次の目に針を入れます。

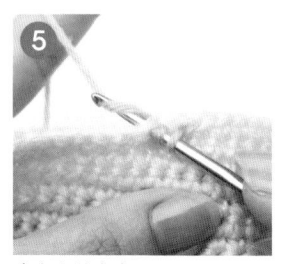

5 糸をかけます。

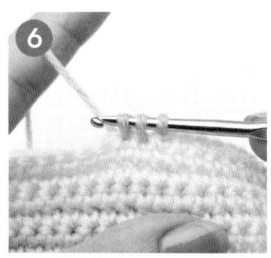

6 引き抜きます。

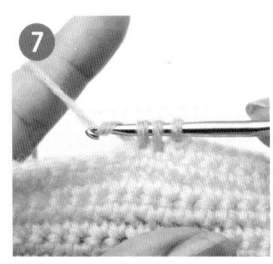

7 糸をかけます。

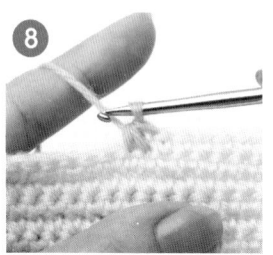

8 針にかかっている3本をまと
めて引き抜きます。細編み2
目一度が編めました。

細編み3目一度

次の目3目を1目に減らす編
み方です。

中長編み

細編み2目一度と同様に、糸
を引き抜くを3目くり返し、
最後にまとめて引き抜きます。

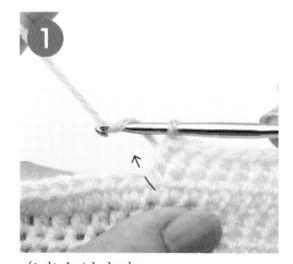

1 糸をかけます。

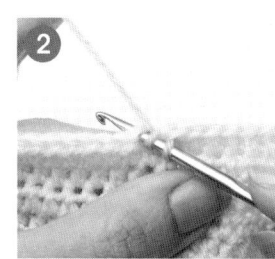

2 次の目（→）に針を入れます。

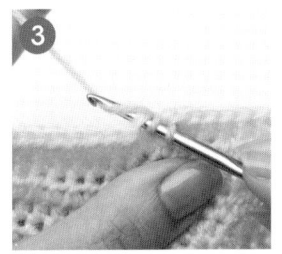

糸をかけます。

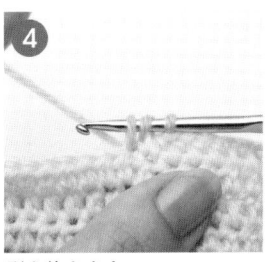

引き抜きます。

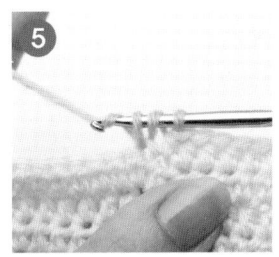

もう一度糸をかけます。

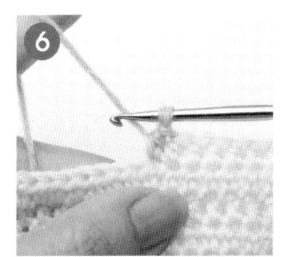

針にかかっている3本をまとめて引き抜きます。中長編みが1目編めました。

中長編み2目編み入れる

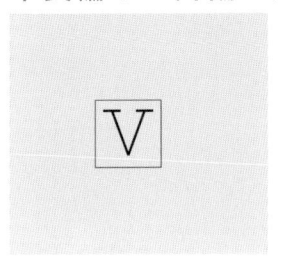

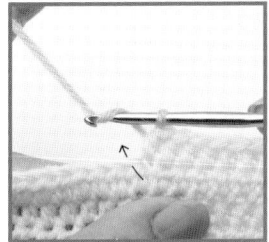

次の目1目（→）に2目編み入れ、目を増やす編み方です。

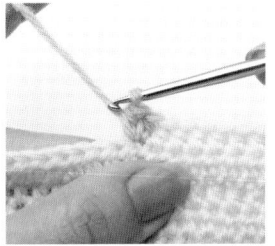

中長編みを1目編み、同じ目にもう1目中長編みを編みます。

中長編み2目一度

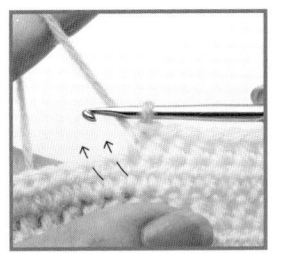

次の目とさらに次の目（→）を1目に減らす編み方です。

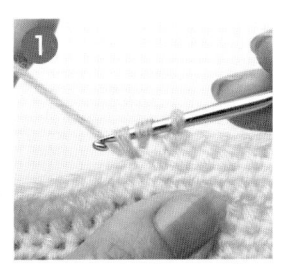

次の目に、中長編みを最後の引き抜きの手前まで編みます。

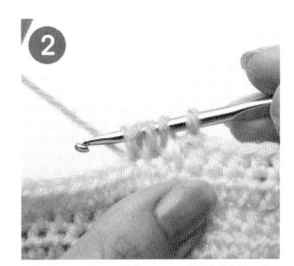

さらに次の目に、中長編みを最後の引き抜きの手前まで編みます。

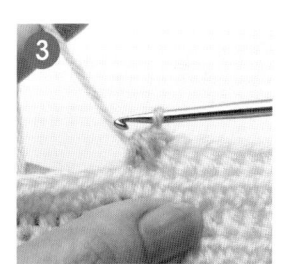

糸をかけ、針にかかっている5本をまとめて引き抜きます。中長編み2目一度が編めました。

長編み

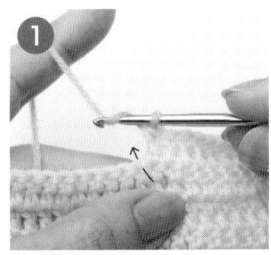

糸をかけます。

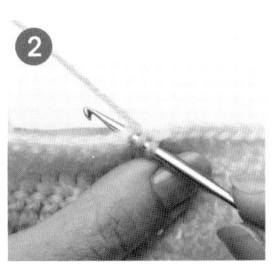

次の目（→）に針を入れます。

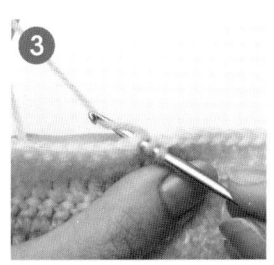

糸をかけます。

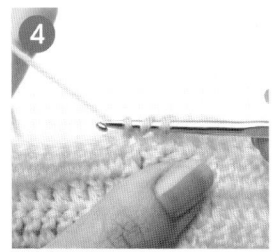
引き抜きます。

もう一度糸をかけます。

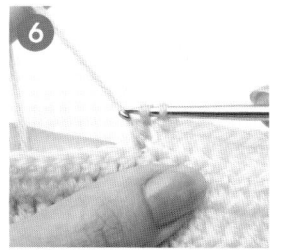
針にかかっている2本をまとめて引き抜きます。

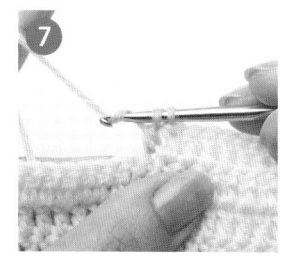
もう一度糸をかけます。

長編み2目編み入れる

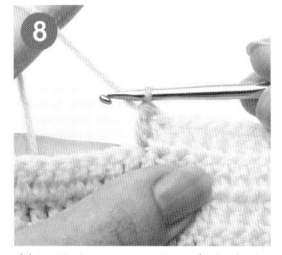
針にかかっている2本をまとめて引き抜きます。長編みが1目編めました。

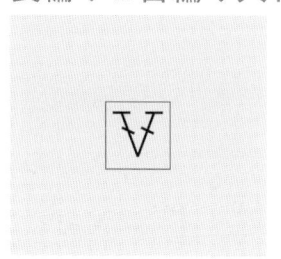

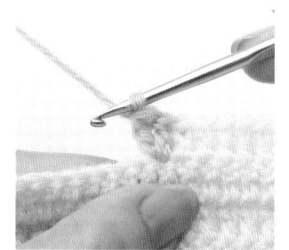
次の目1目（→）に2目編み入れ、目を増やす編み方です。

長編みを1目編み、同じ目にもう1目長編みを編みます。

長編み3目編み入れる

長編み2目編み入れると同様に、同じ目に3目長編みを編みます。

長編み2目一度

次の目とさらに次の目（→）を1目に減らす編み方です。

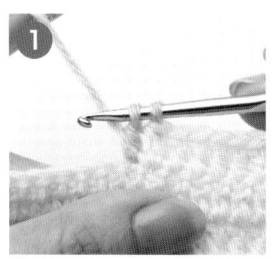
次の目に、長編みを最後の引き抜きの手前まで編みます。

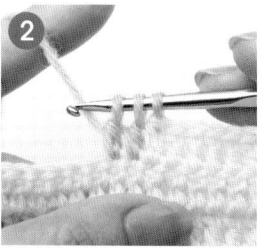
さらに次の目に、長編みを最後の引き抜きの手前まで編みます。

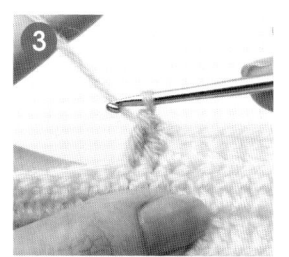
糸をかけ、針にかかっている3本をまとめて引き抜きます。長編み2目一度が編めました。

長々編み

針に糸を2回かけます。

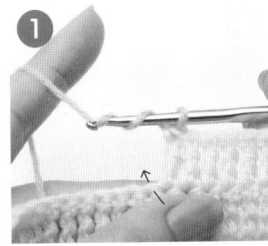
次の目（→）に針を入れます。

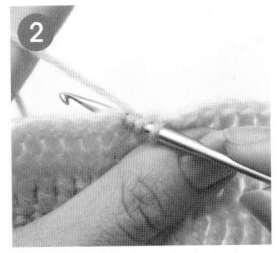
糸をかけます。

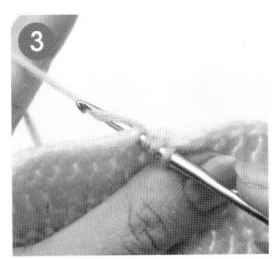
引き抜いて、もう一度糸をかけます。

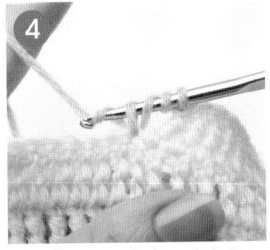
針にかかっている2本をまとめて引き抜きます。

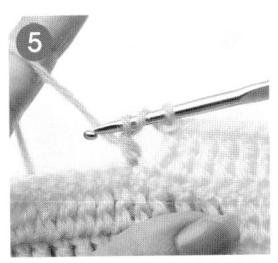
もう一度糸をかけます。

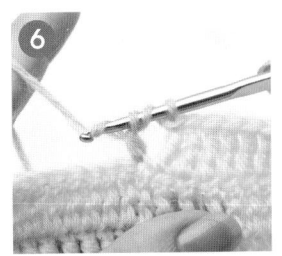
針にかかっている2本をまとめて引き抜きます。

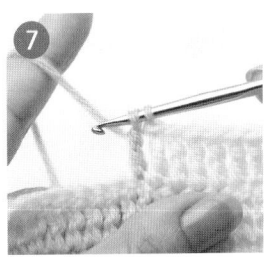
もう一度糸をかけます。

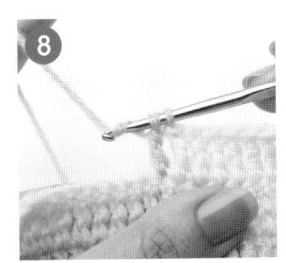
針にかかっている2本をまとめて引き抜きます。長々編みが1目編めました。

長々編み2目編み入れる

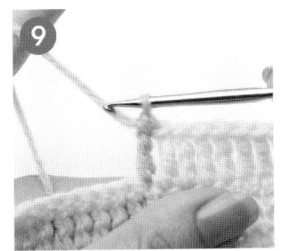

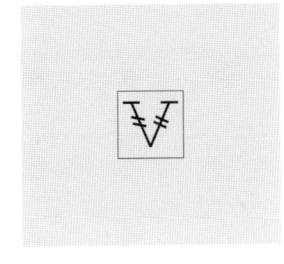
次の目1目（→）に2目編み入れ、目を増やす編み方です。

○目編み入れる

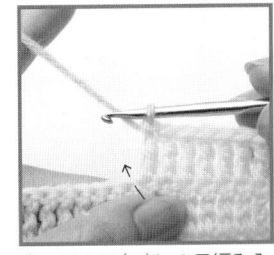
長々編みを1目編み、同じ目にもう1目長々編みを編みます。

記号の下がつながっているときは、同じ目に複数の目を編み入れることを表しています。

長々々編み

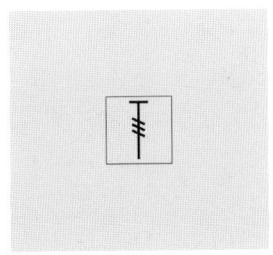
針に糸を3回かけます。

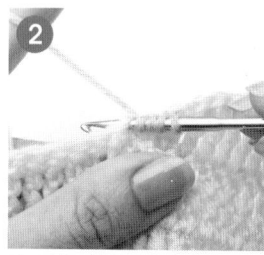

② 次の目に針を入れます。

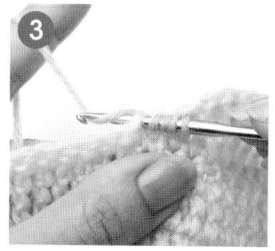

③ 糸をかけます。

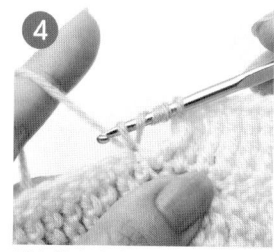

④ 引き抜きます。

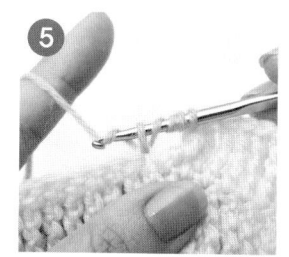

⑤ もう一度糸をかけます。

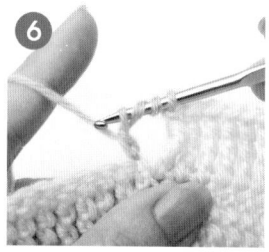

⑥ 針にかかっている2本をまとめて引き抜きます。

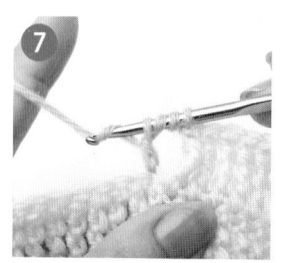

⑦ もう一度糸をかけます。

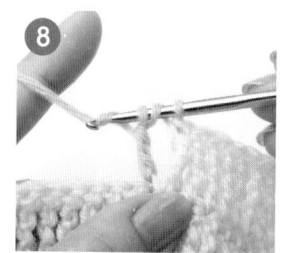

⑧ 針にかかっている2本をまとめて引き抜き、もう一度糸をかけます。

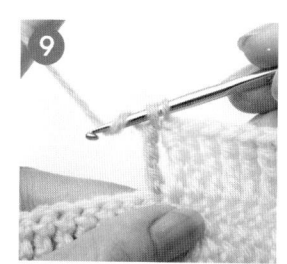

⑨ 針にかかっている2本をまとめて引き抜き、もう一度糸をかけます。

⑩ 針にかかっている2本をまとめて引き抜きます。長々々編みが1目編めました。

細編みのすじ編み

$$\boxed{\times}$$

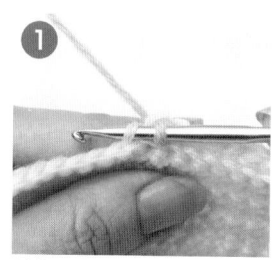

前段の向こう側半目（→）を拾う編み方です。（上から見たところです）

① 前段の向こう側半目に針を入れます。

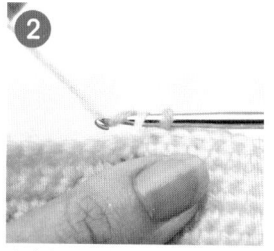

② 糸をかけます。

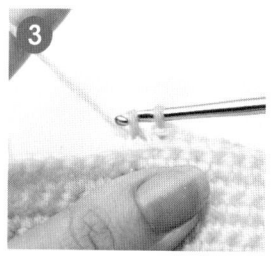

③ 引き抜きます。

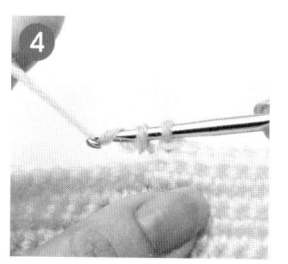

④ もう一度糸をかけます。

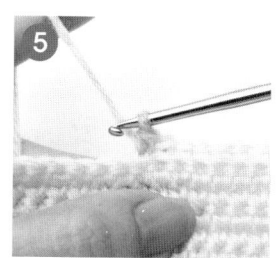

⑤ 針にかかっている2本をまとめて引き抜きます。細編みのすじ編みが1目編めました。

くさり3目の引き抜きピコット

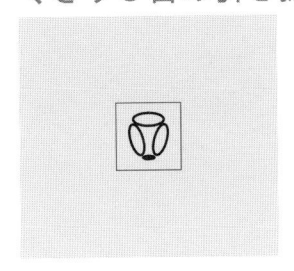

①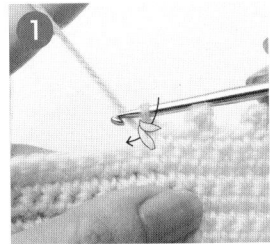
ピコットの手前まで編みます。

②
くさり編みを3目編みます。

③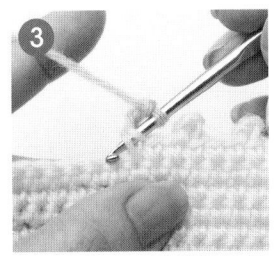
根元の細編みの手前側半目と足の1本（①の→）に針を入れます。

④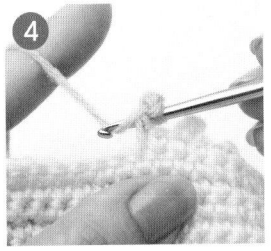
糸をかけます。

⑤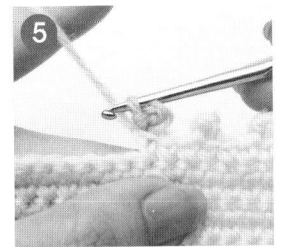
針にかかっている3本をまとめて引き抜きます。くさり3目の引き抜きピコットが編めました。

⑥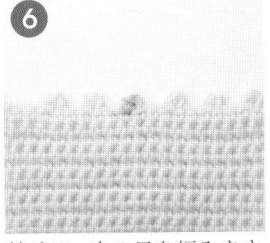
続けて、次の目を編みます。ピコットの部分が小さな突起になります。

中長編み2目玉編み（束に編む）

①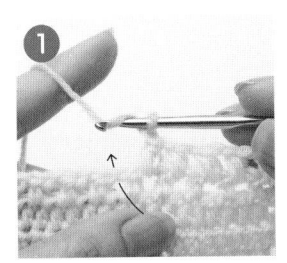
針に糸をかけます。

②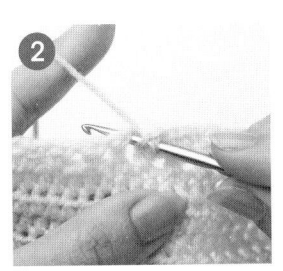
前段のくさり編みの下（→）に針を入れます。

③
糸をかけます。

④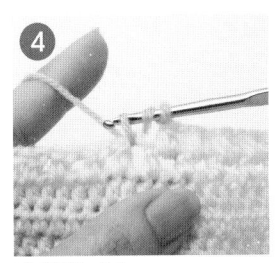
引き出します。

⑤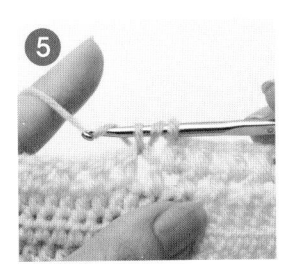
もう一度糸をかけます。

⑥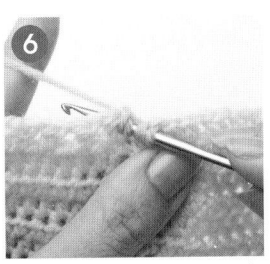
②と同じ位置に針を入れます。

⑦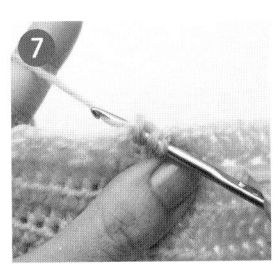
糸をかけます。

⑧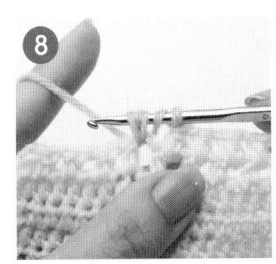
引き出します。

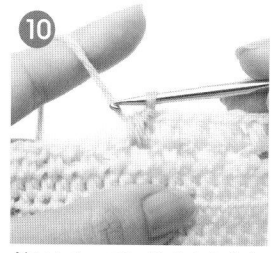

⑨ もう一度糸をかけます。

⑩ 針にかかっている5本をまとめて引き抜きます。中長編み2目玉編みが編めました。

長編み2目玉編み

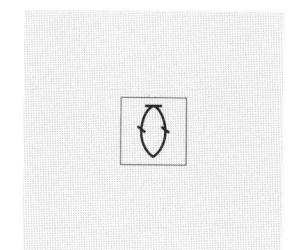

① 針に糸をかけます。

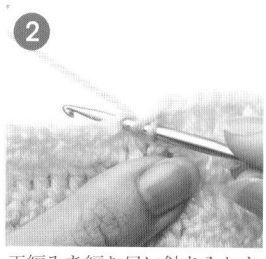

② 玉編みを編む目に針を入れます。

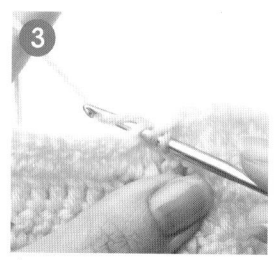

③ 糸をかけます。

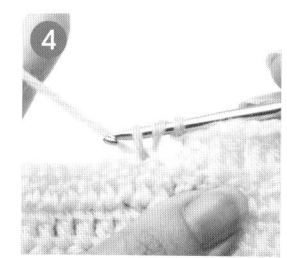

④ 引き抜きます。

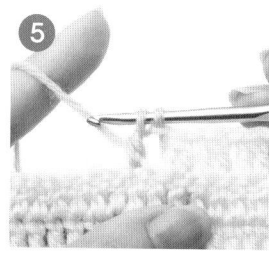

⑤ 長編みの最後の引き抜きの手前まで編みます。

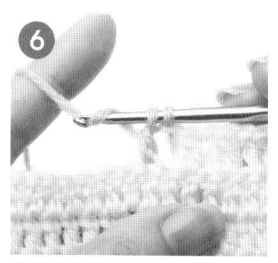

⑥ 糸をかけます。

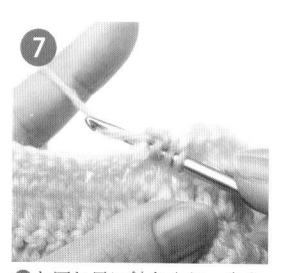

⑦ ②と同じ目に針を入れ、糸をかけます。

⑧ 長編みの最後の引き抜きの手前まで編みます。

⑨ 糸をかけます。

長編み3目玉編み

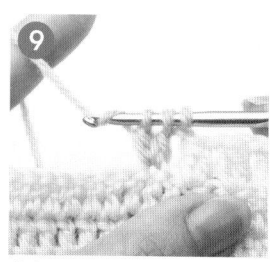

⑩ 針にかかっている3本をまとめて引き抜きます。長編み2目玉編みが編めました。

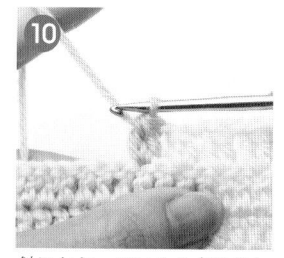

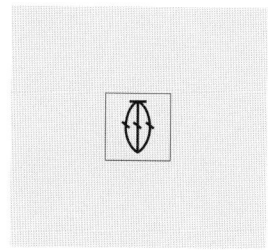

① 針に糸をかけます。

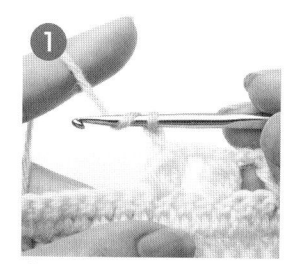

② 玉編みを編む目に針を入れ、長編みを最後の引き抜きの手前まで編みます。

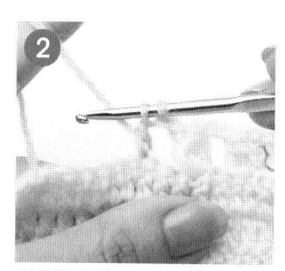

長編み３目玉編み（束_{そく}に編む）

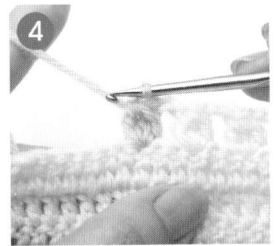

長編み２目玉編みと同様に、同じ目に長編みを最後の引き抜きの手前まで、３目編みます。

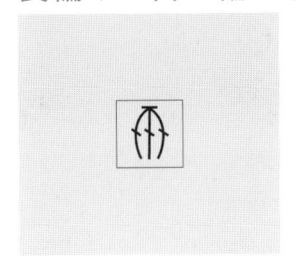

糸をかけ、針にかかっている４本をまとめて引き抜きます。長編み３目玉編みが編めました。

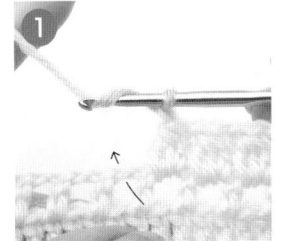

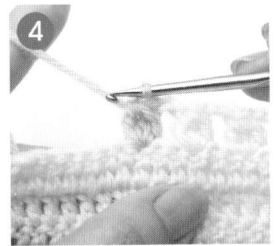

糸をかけます。

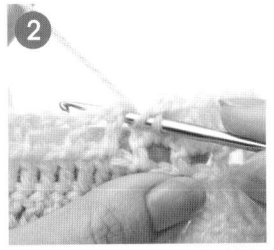

前段のくさり編みの下に針を入れます。

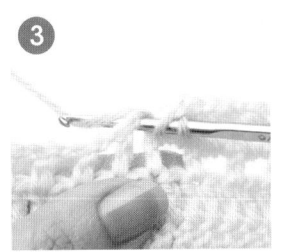

糸をかけます。

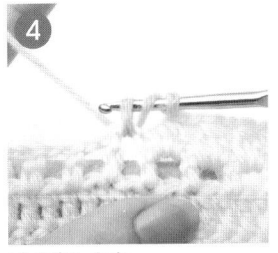

引き出します。

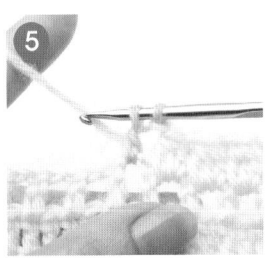

長編みの最後の引き抜きの手前まで編みます。

長々編み４目玉編み

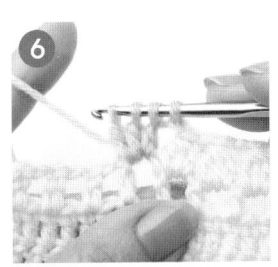

同様に、❷と同じ位置に長編みを最後の引き抜きの手前まで、３目編みます。

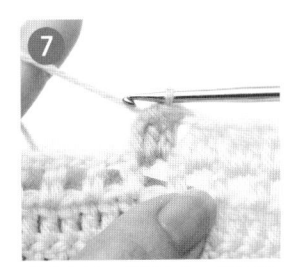

糸をかけ、針にかかっている４本をまとめて引き抜きます。

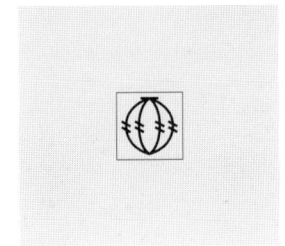

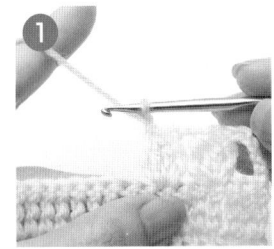

玉編みの手前まで編みます。

長々編み４目玉編み（束_{そく}に編む）

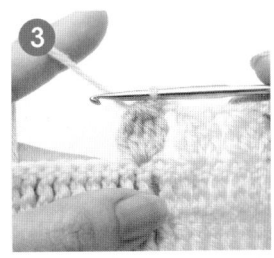

長編み２目玉編みと同様に、同じ目に長々編みを最後の引き抜きの手前まで、４目編みます。

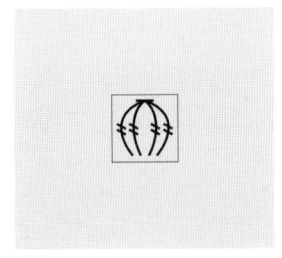

糸をかけ、針にかかっている５本をまとめて引き抜きます。長々編み４目玉編みが編めました。

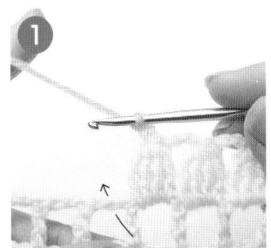

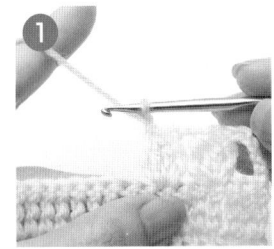

玉編みの手前まで編みます。

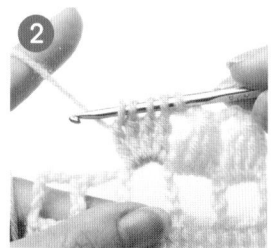

❷ 同じくさり編みの下（❶の→）
に長々編みを最後の引き抜き
の手前まで、4目編みます。

❸ 糸をかけ、針にかかっている
5本をまとめて引き抜きます。

束に編む

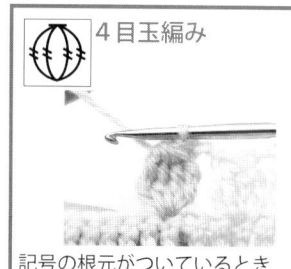	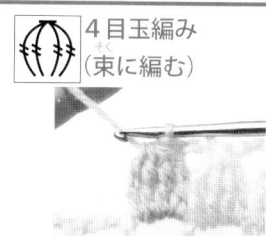
記号の根元がついているとき は、前段の同じ目に針を入れ て編みます。	記号の根元が離れているとき は、前段のくさり編みを束で 拾って編みます。これを「束 （そく）に編む」といいます。

長編みの裏引き上げ編み

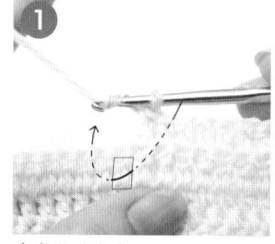

❶ 糸をかけます。

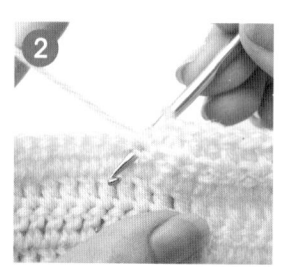

❷ 前段の長編みの足（❶の□）に
後ろから針を入れます。

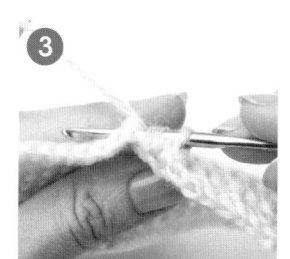

❸ 続けて向こう側に針を出しま
す。（上から見たところです）

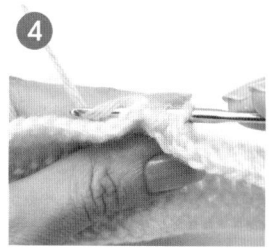

❹ 糸をかけます。

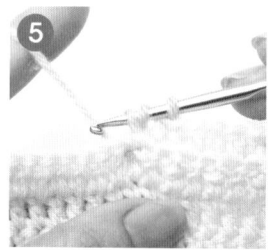

❺ 引き抜きます。

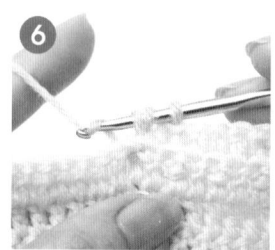

❻ 糸をかけます。

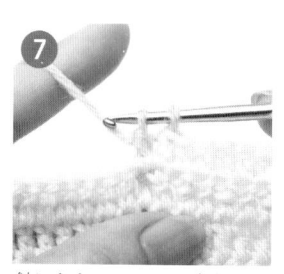

❼ 針にかかっている2本をまと
めて引き抜きます。

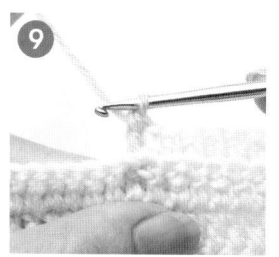

❽ 糸をかけます。

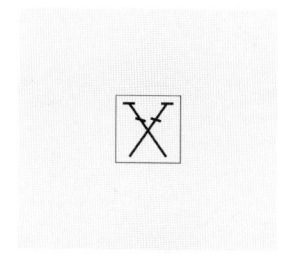

❾ 針にかかっている2本をまと
めて引き抜きます。長編みの
裏引き上げ編みが編めました。

長編み1目交差

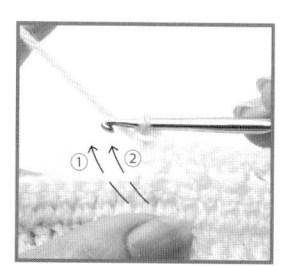

1目先の目に長編みを編んで
から、前の目に長編みを編ん
で、交差させる編み方です。

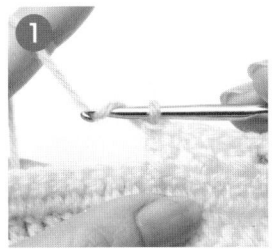
針に糸をかけます。

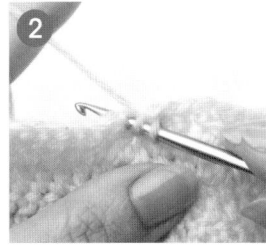
1目先の目に針を入れます。

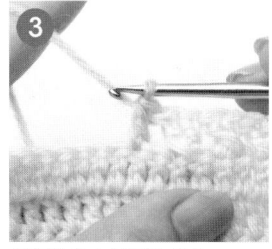
長編みを1目編みます。

糸をかけます。

❷の手前の目に針を入れます。

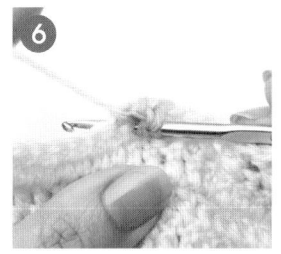
向こう側に針を出します。

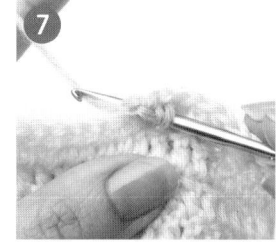
糸をかけます。

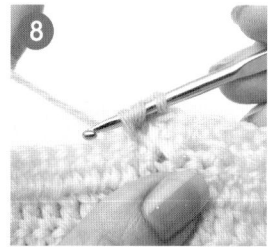
引き抜きます。

糸をかけます。

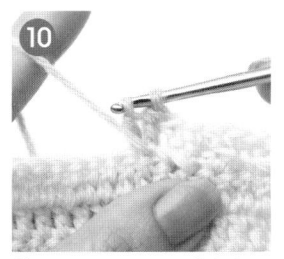
針にかかっている2本をまとめて引き抜きます。

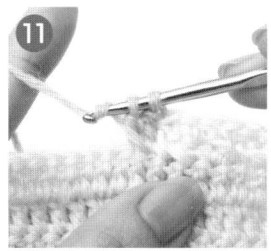
糸をかけます。

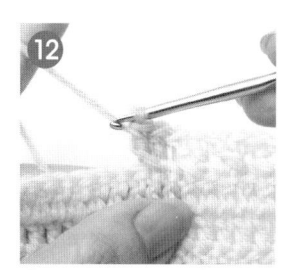
針にかかっている2本をまとめて引き抜きます。長編み1目交差が編めました。

長編み5目パプコーン編み

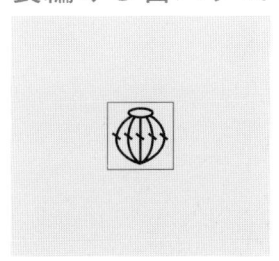

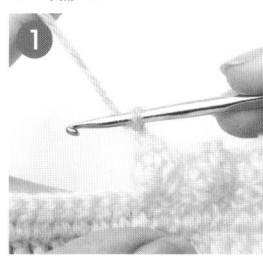
パプコーン編みの手前まで編みます。

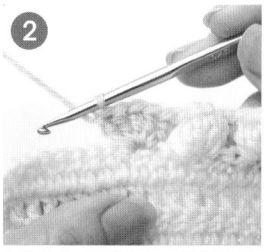
同じ目に長編みを5目編み入れます。

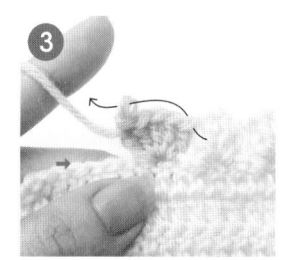
一度針をはずします。

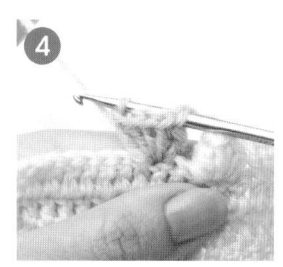
4

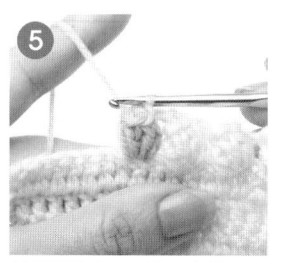
5

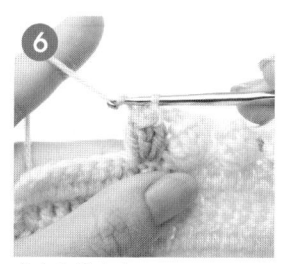
6

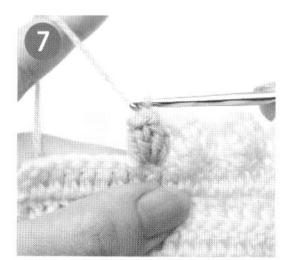
7

❸の→のとおりに、針を入れ直します。

針先側のループを、右側のループから引き抜きます。

糸をかけます。

引き抜きます。長編み5目パプコーン編みが編めました。

長編み5目パプコーン編み（束に編む）

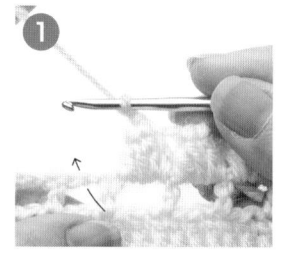
1

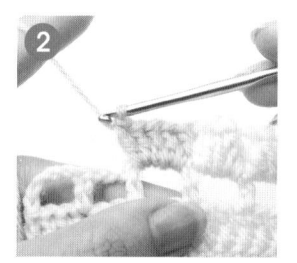
2

3

パプコーン編みの手前まで編みます。

同じくさり編みの下（→）に長編みを最後の引き抜きの手前まで、5目編みます。

長編み5目パプコーン編みと同様に編みます。

はぎ方・つなげ方・タッセルの作り方

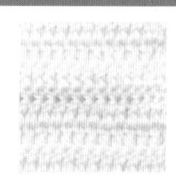
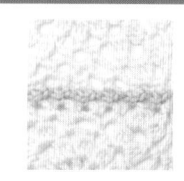

コの字はぎ

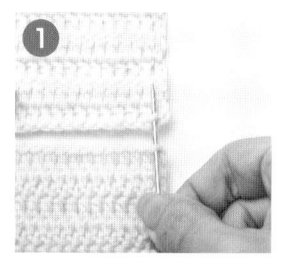
1

2

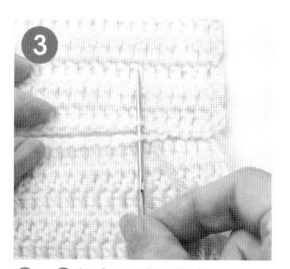
3

とじ針に糸を通し、編み地の端同士を合わせ、端の目半目ずつに下から上へ通します。

隣の目半目ずつに、上から下へ通します。

❶、❷をくり返します。

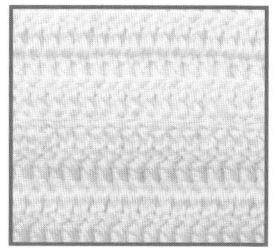

かがりはぎ（半目）

④
コの字はぎができました。

表から見たところです。表側からは、はいだ糸が見えないはぎ方です。

①
とじ針に糸を通し、編み地の端同士を合わせ、端の目半目ずつに上から下へ通します。

②
隣の目半目ずつに、上から下へ通します。

③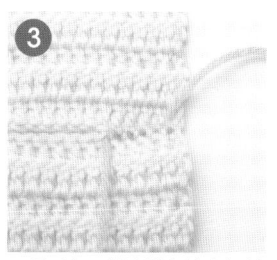
1目ごとに軽く引き締めながら、❶、❷をくり返します。

④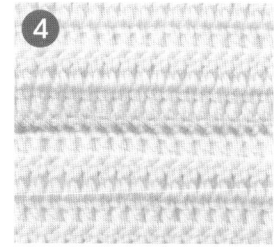
かがりはぎ（半目）ができました。

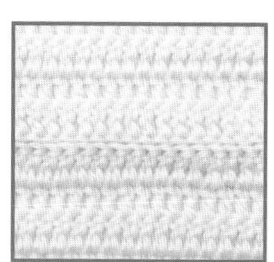
表から見たところです。表側からはいだ糸が見えないはぎ方です。

かがりはぎ（全目）

①
とじ針に糸を通し、編み地の端同士を合わせ、上と下の目をすくって通します。

②
隣の目も同様に、上から下へすくって通します。

③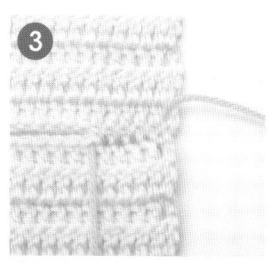
くり返します。

④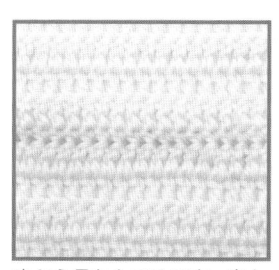
かがりはぎ（全目）ができました。

表から見たところです。裏と同じようにかがった糸が見えるはぎ方です。

モチーフのつなぎ方（引き抜きながらつなぐ）

①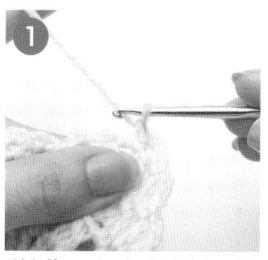
引き抜いてつなぐ手前まで編みます。

② つなぐ位置のくさり編みを、上から下へ束で拾います。

③ 糸をかけます。

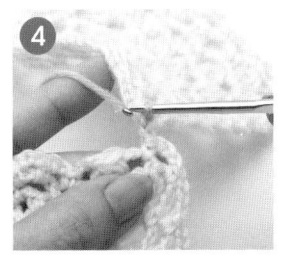
④ 引き抜きます。

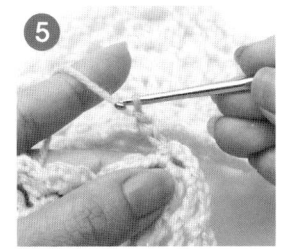
⑤ 続けて、くさり編みをします。

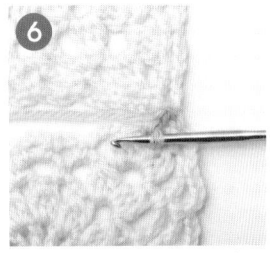
⑥ 編み図のとおりに編みます。

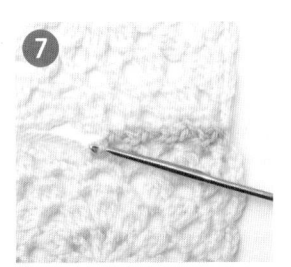
⑦ ❶〜❷をくり返します。

⑧ モチーフつなぎができました。

タッセルの作り方

① 作りたい長さに余分を2cm程度加えた長さに厚紙を切り、糸を巻きます。

② 必要な回数巻きます。

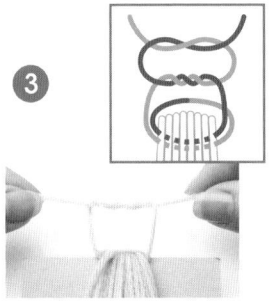
③ 別糸を輪の上側にかけ、図のように結びます。

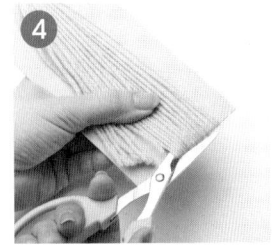
④ 輪の下側を切ります。

⑤ 別糸を上側に2周かけ、結びます。

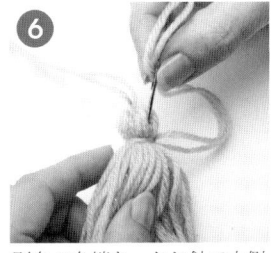
⑥ 別糸の糸端を、とじ針で内側に入れます。

⑦ 下を揃えて切ります。

掲載作品の作り方

P.12 六角形モチーフのシックなショール

できあがり寸法
幅27cm 長さ144cm

材　料
糸：ハマナカ ディーナ
黒・グレー系(8)170g(5玉)

針
かぎ針5/0号

大きさ

モチーフ
10cm
11cm

作り方

1.モチーフを編む

2.コの字はぎでつなぐ

モチーフ3枚

モチーフ14枚

編み図

[モチーフ:40枚]

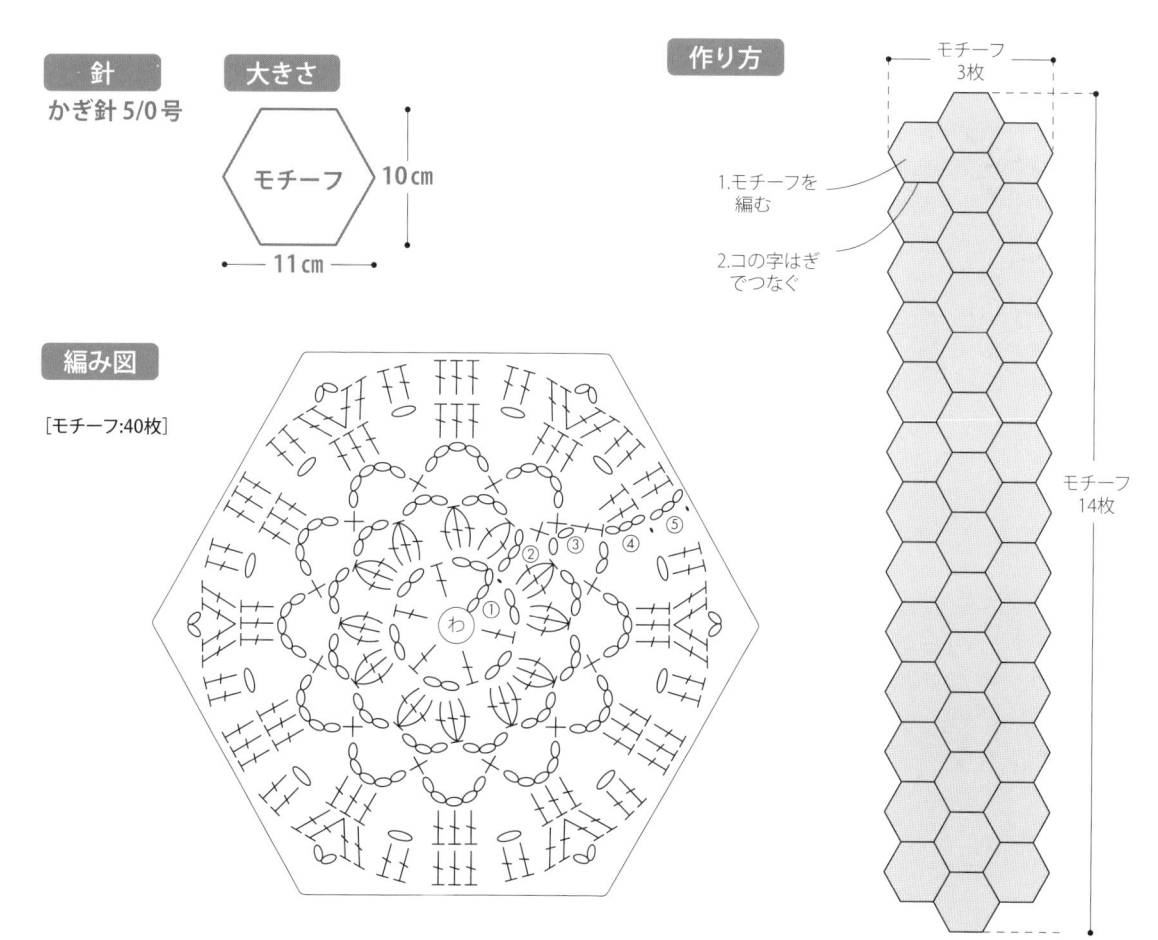

わ ① ② ③ ④ ⑤

51

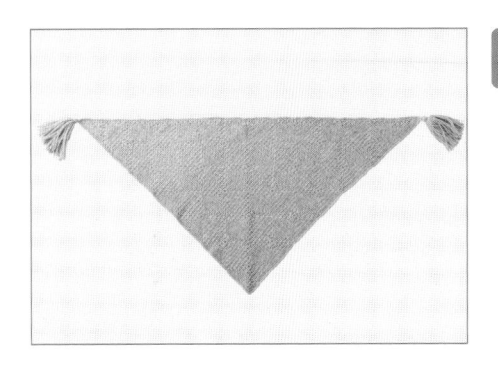

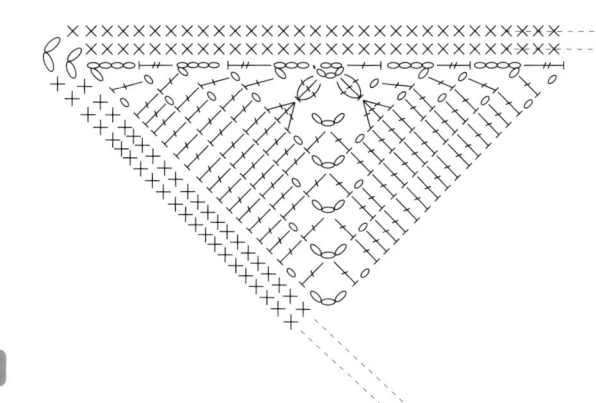

材料

糸：ハマナカ アメリー
チャイナブルー（29）180g（5玉）

針

かぎ針 5/0号

大きさ

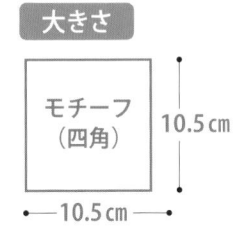

モチーフ
（四角）

10.5㎝

← 10.5㎝ →

できあがり寸法

横108㎝　縦53㎝

編み図

［モチーフ（三角）・7枚］

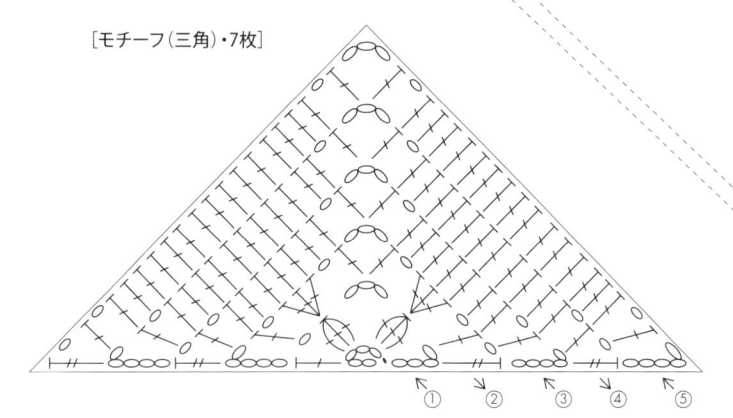

①　②　③　④　⑤

作り方

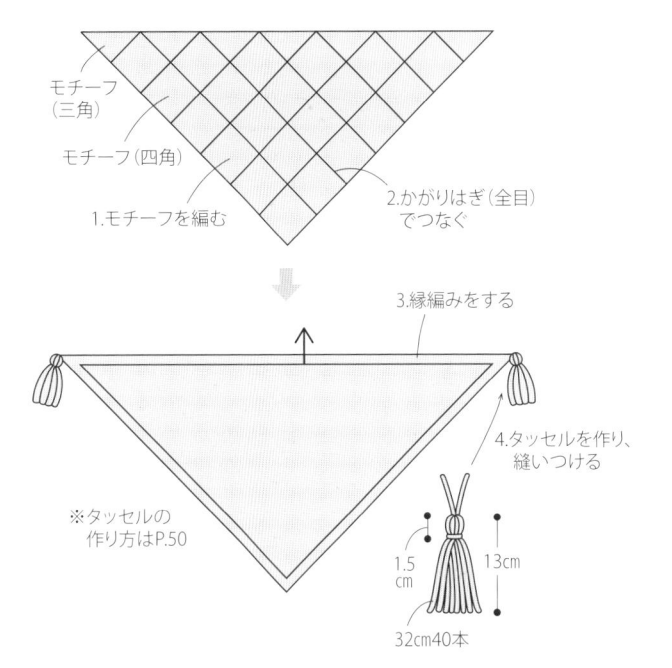

モチーフ
（三角）

モチーフ（四角）

1.モチーフを編む

2.かがりはぎ（全目）
でつなぐ

3.縁編みをする

4.タッセルを作り、
　縫いつける

※タッセルの
　作り方はP.50

1.5
㎝

13㎝

32㎝40本

［モチーフ（四角）・21枚］

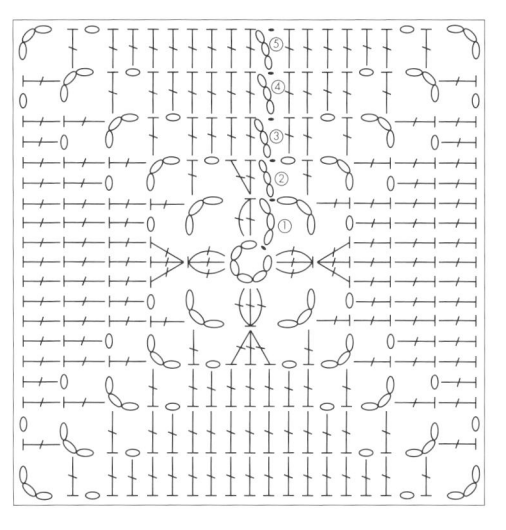

⑤
④
③
②
①

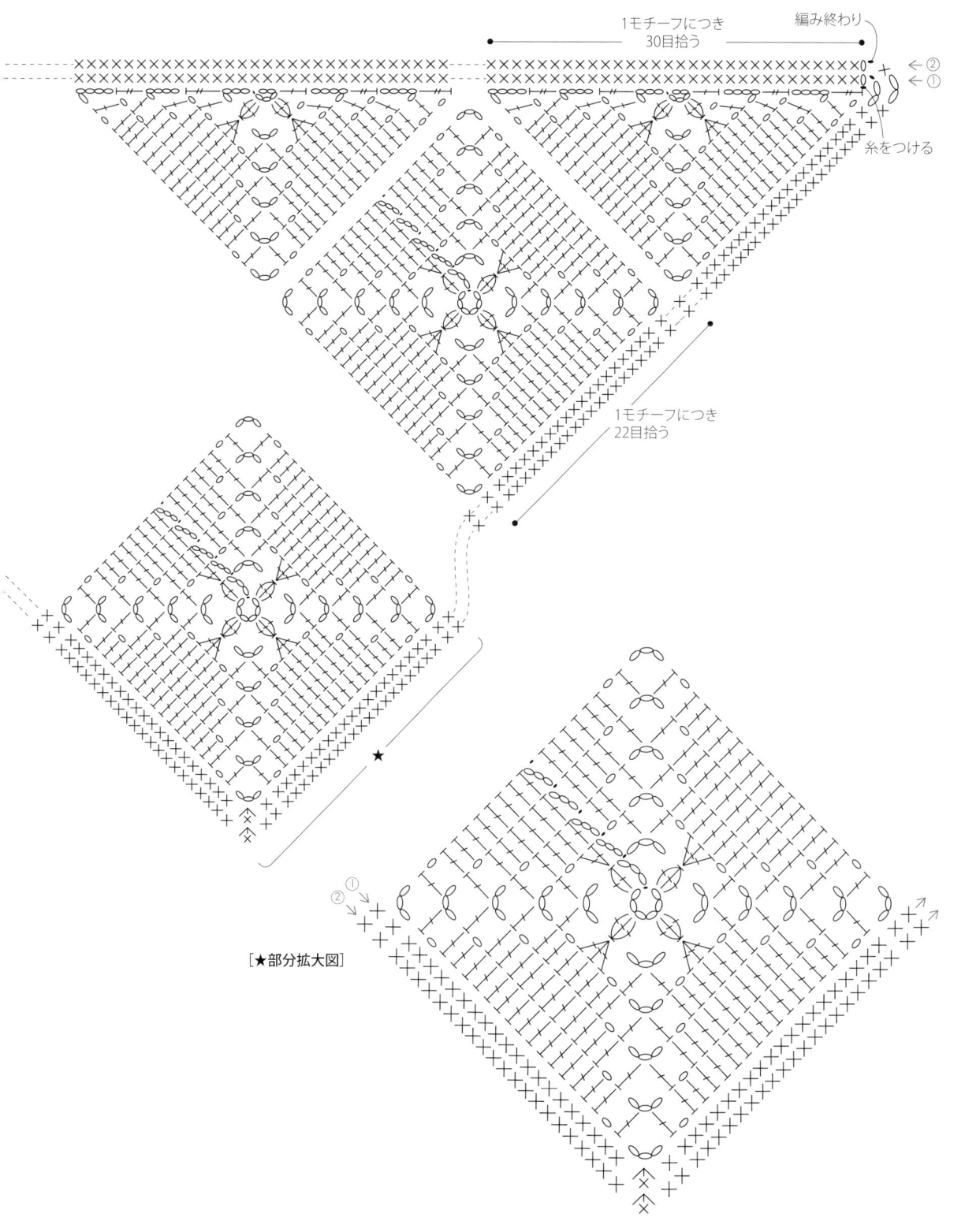

[縁編み]

1モチーフにつき 30目拾う

編み終わり

糸をつける

1モチーフにつき 22目拾う

[★部分拡大図]

できあがり寸法

幅50cm　長さ166cm
（フリンジを除く）

作り方

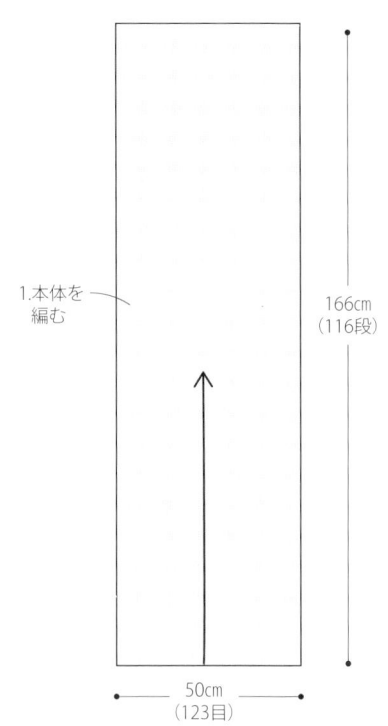

1.本体を編む

166cm
（116段）

50cm
（123目）

材　料

糸：ハマナカ アメリー
　　ピーコックグリーン（47）320g（8玉）
　　ハマナカ ソノモノスラブ《超極太》
　　ベージュ (32)120g（3玉）

針

かぎ針 5/0号

ゲージ

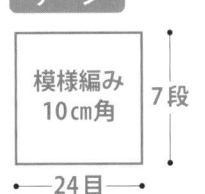

模様編み
10cm角　7段
24目

フリンジのつけ方

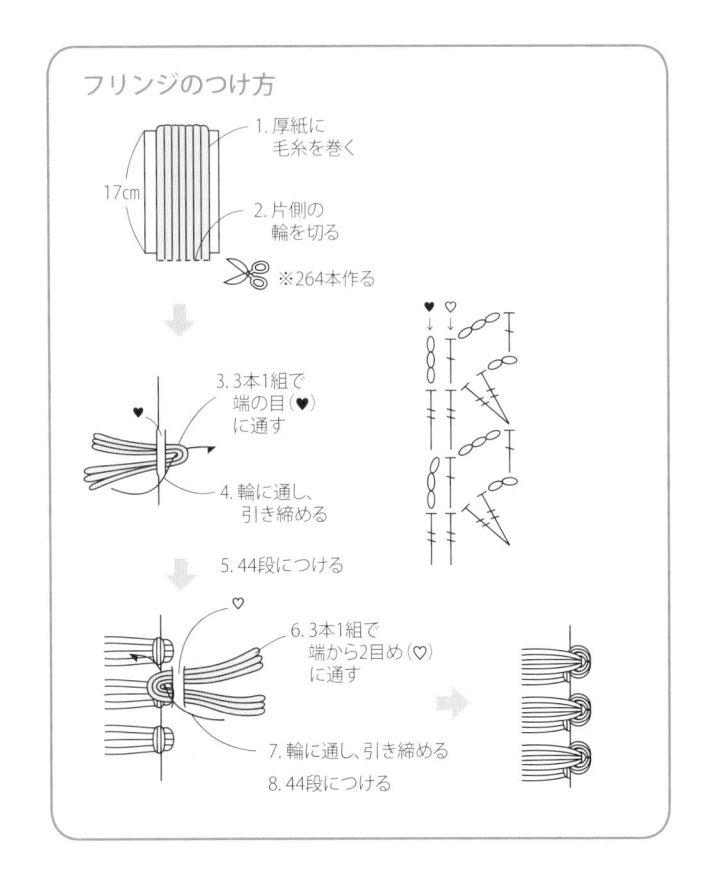

1. 厚紙に
毛糸を巻く

17cm

2. 片側の
輪を切る

※264本作る

3. 3本1組で
端の目（♥）
に通す

4. 輪に通し、
引き締める

5. 44段につける

6. 3本1組で
端から2目め（♡）
に通す

7. 輪に通し、引き締める

8. 44段につける

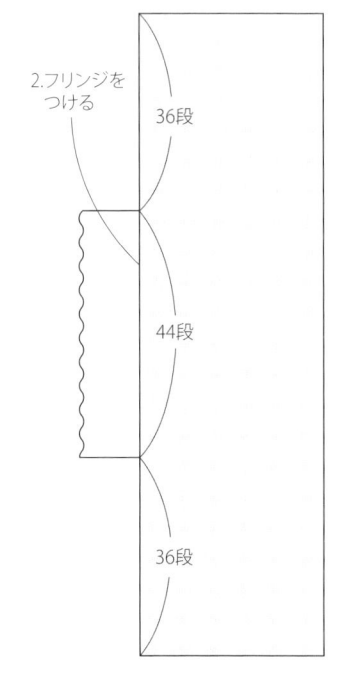

2.フリンジを
つける

36段

44段

36段

編み終わり

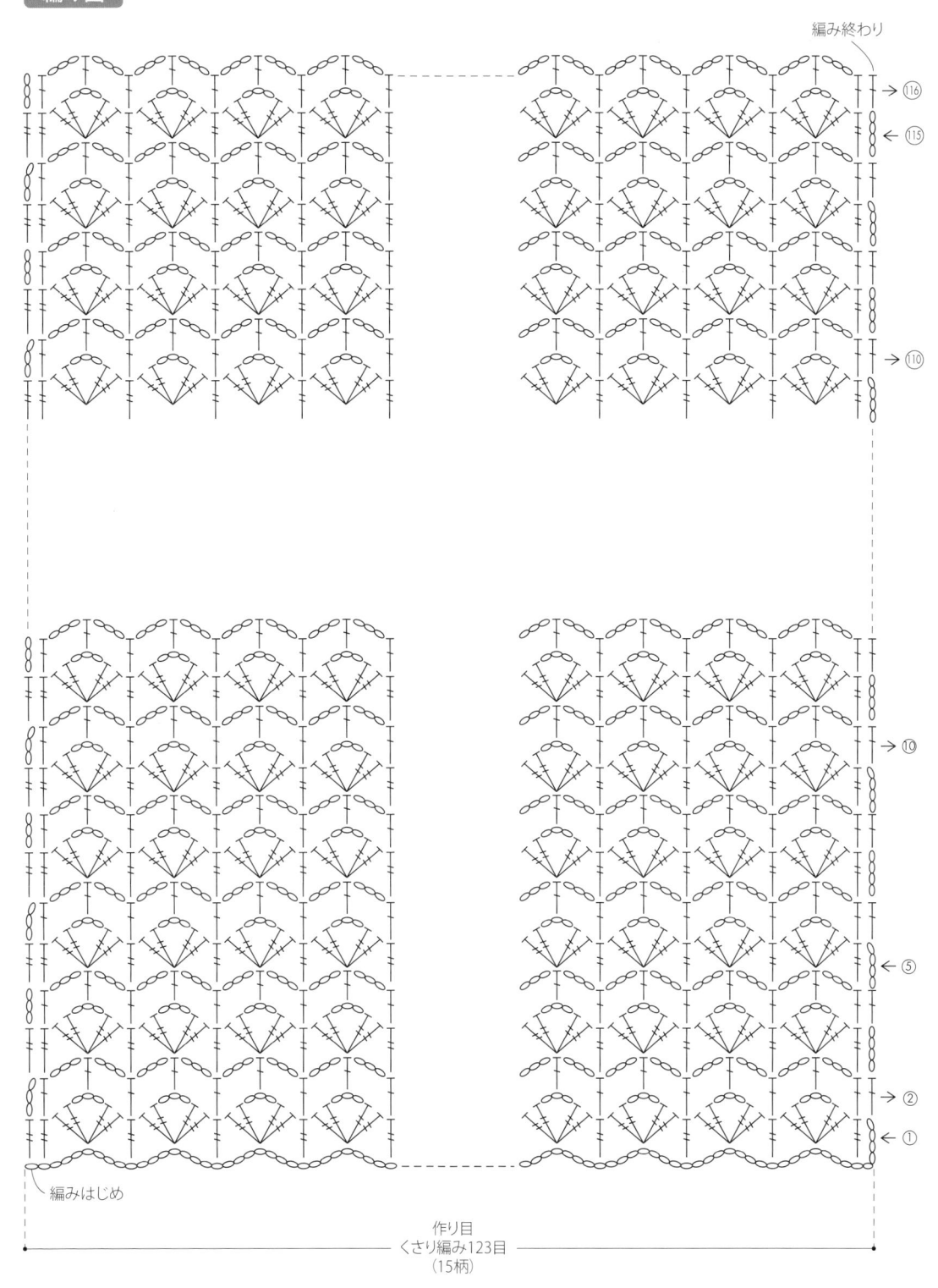

⑯

⑮

⑩

⑩

⑤

②

①

編みはじめ

作り目
くさり編み123目
（15柄）

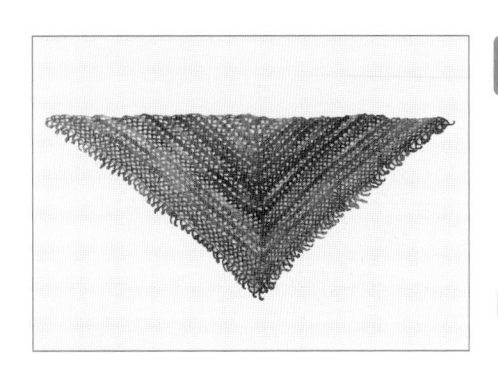

P.8 **3種類の毛糸で大きめ三角ストール**

できあがり寸法

横136cm　縦62cm

材　料

糸：ハマナカ ディーナ
青紫系(5)80g(2玉)、黒・グレー系(8)40g
(1玉)、赤(4)20g(1玉)

針

かぎ針6/0号

ゲージ

模様編み
10cm角　9段
━16目━

編み図　　　　　[本体・2枚]

赤
黒・グレー系
青紫系

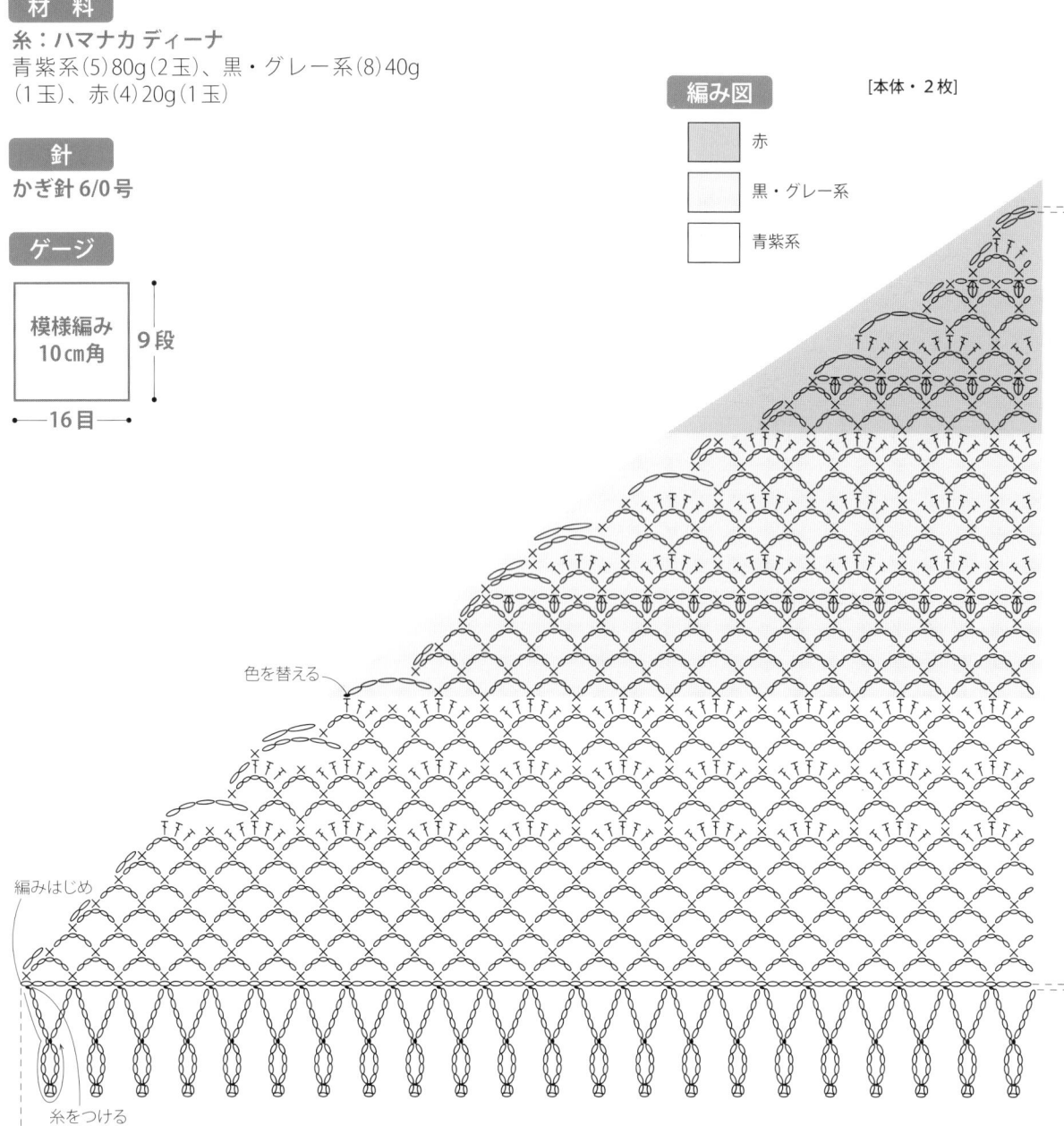

色を替える

編みはじめ

糸をつける

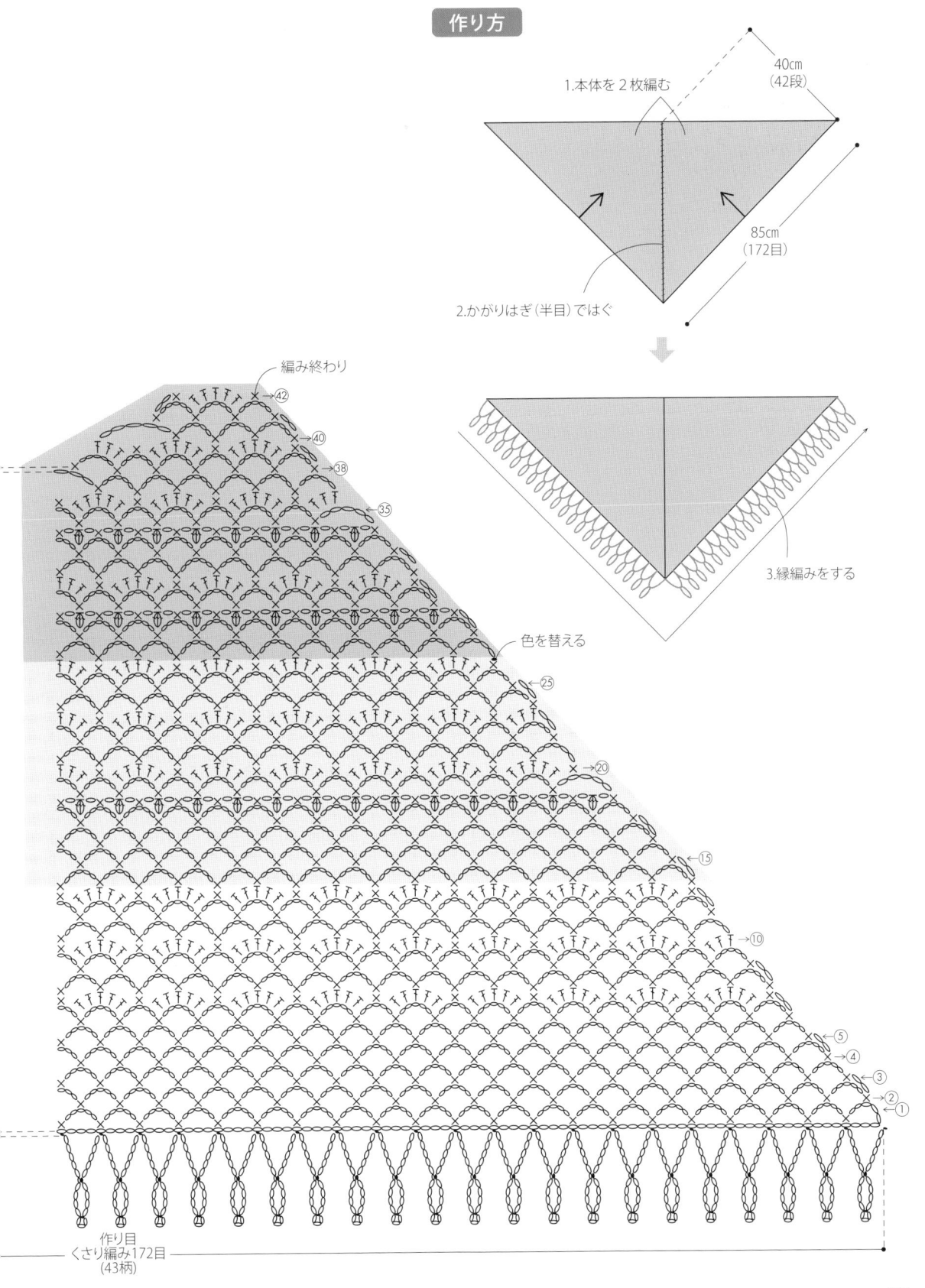

作り方

1.本体を2枚編む

40cm
(42段)

85cm
(172目)

2.かがりはぎ（半目）ではぐ

3.縁編みをする

編み終わり →42

→40

→38

←35

色を替える

←25

→20

←15

→10

⑤
④
③
②
①

作り目
くさり編み172目
(43柄)

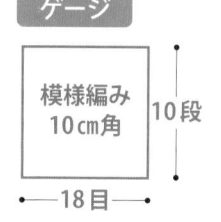

材 料
糸：ハマナカ アメリー
ピンク（7）260g（7玉）

針
かぎ針 5/0号

ゲージ
模様編み
10cm角
18目 10段

できあがり寸法
横128cm 縦42cm

作り方

1.本体を編む

38cm
（36段）

83cm
（161目）

2.縁編みをする

編み図

④ ③ ② ①

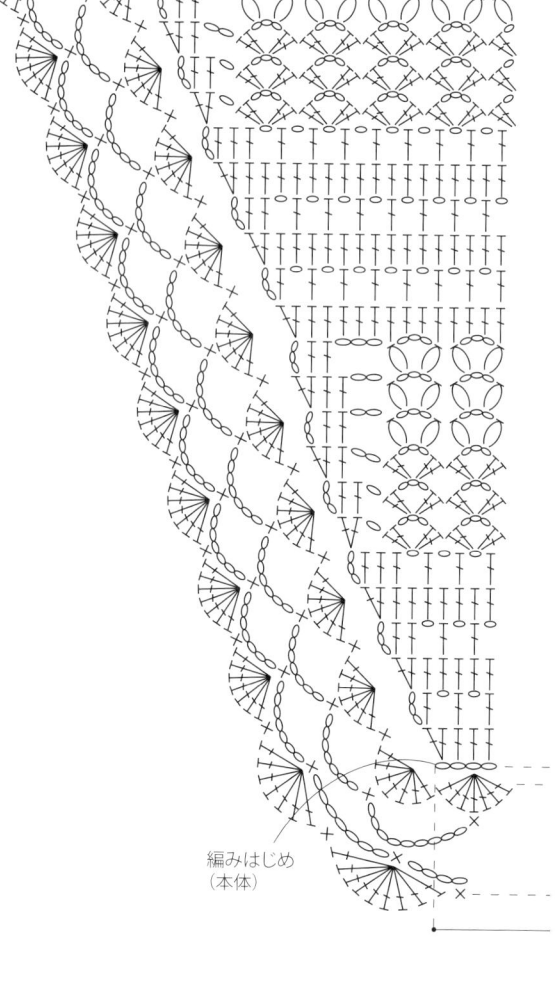

編みはじめ
（本体）

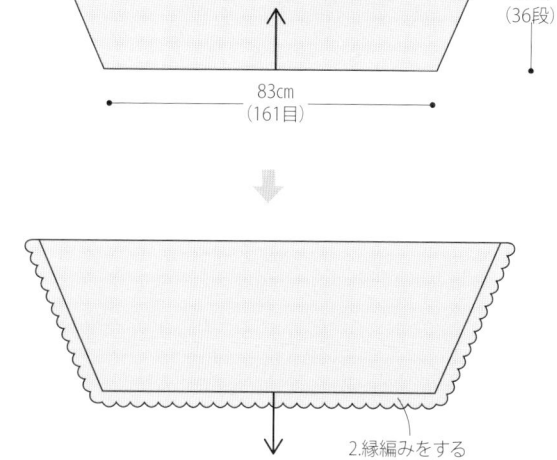

58

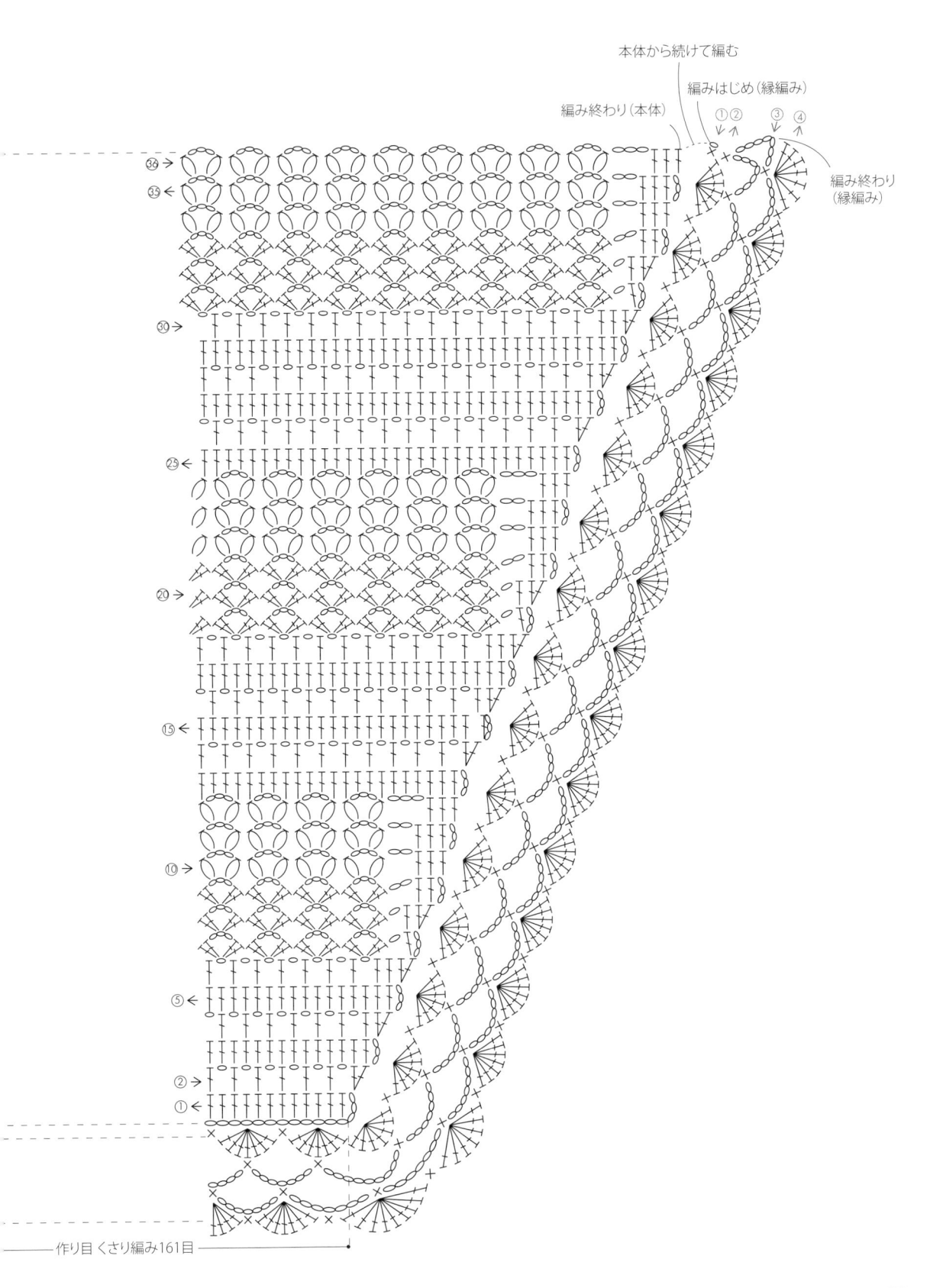

本体から続けて編む

編み終わり（本体）　編みはじめ（縁編み）

①②　③④

編み終わり
（縁編み）

作り目 くさり編み161目

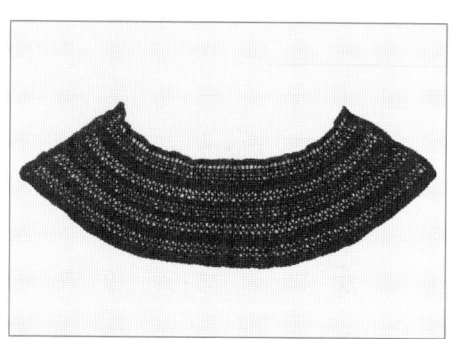

できあがり寸法

縦29㎝　裾まわり1m50㎝

材　料

糸：ハマナカ エアリーナ
紫（7）90g（4玉）
ベルベットリボン（1.5㎝幅・紺）：1m50㎝

針

かぎ針 5/0号

ゲージ

| 模様編み 10㎝角 | 7.5段 |

—18目—

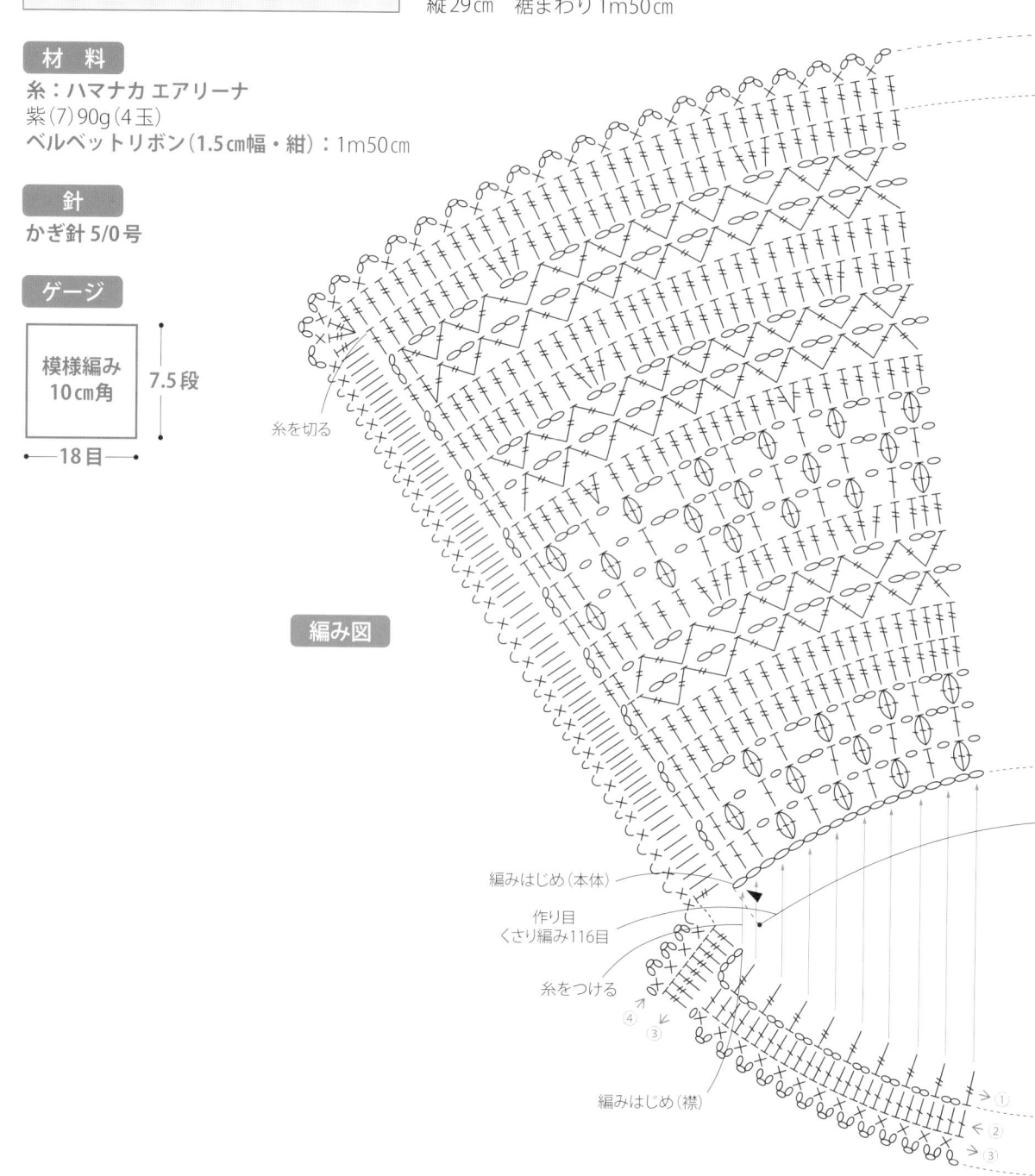

糸を切る

編み図

編みはじめ（本体）

作り目
くさり編み116目

糸をつける

④
③

編みはじめ（襟）

①
②
③

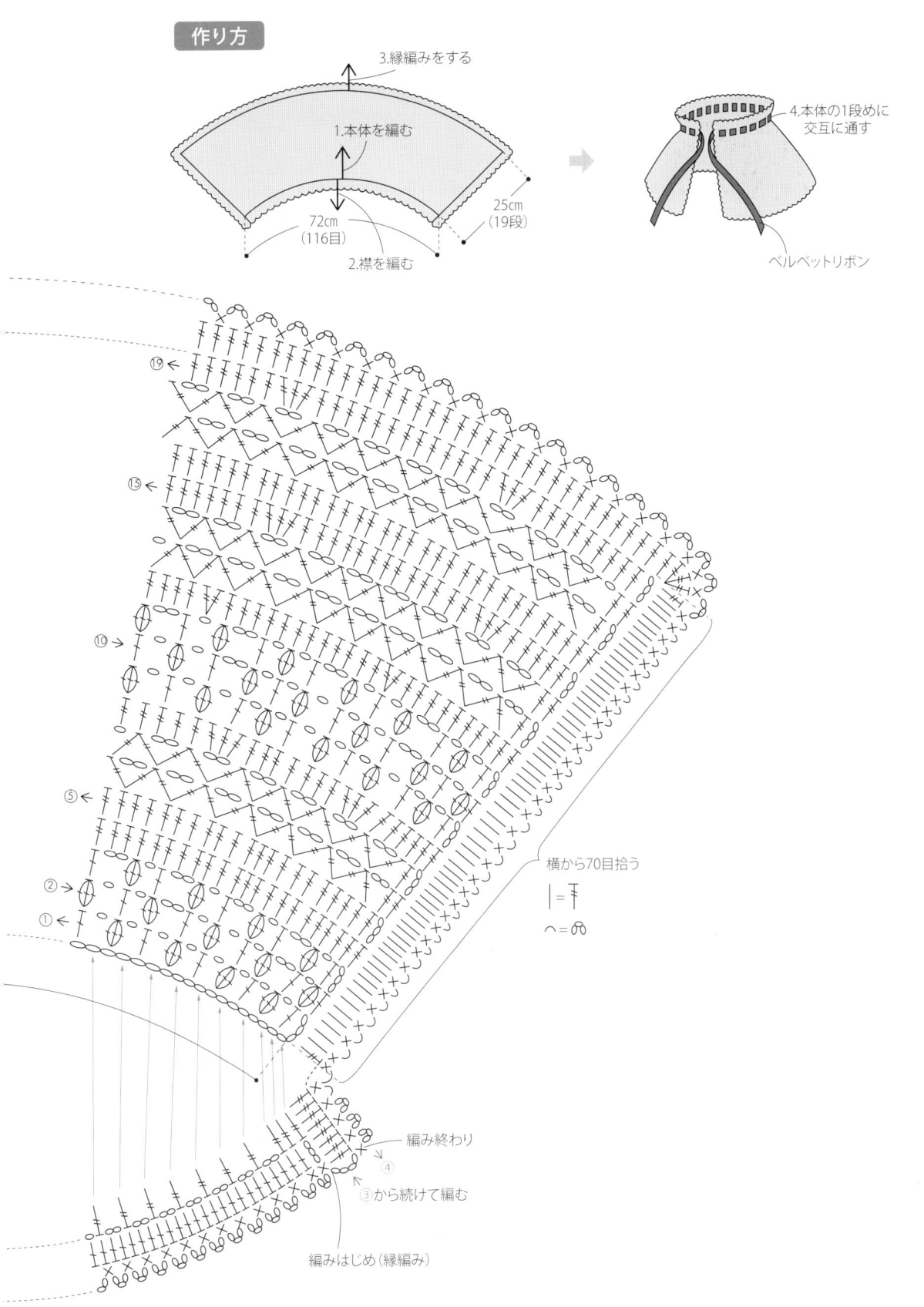

作り方

3.縁編みをする

1.本体を編む

25cm
(19段)

72cm
(116目)

2.襟を編む

4.本体の1段めに
交互に通す

ベルベットリボン

⑲

⑮

⑩

⑤

②

①

横から70目拾う

| = 干

へ = ⌢

編み終わり

④

③から続けて編む

編みはじめ(縁編み)

61

できあがり寸法
横 132 cm　縦 61 cm

材　料
糸：ハマナカ フラン
エンジ（206）140g（5玉）

針
かぎ針 5/0号

ゲージ
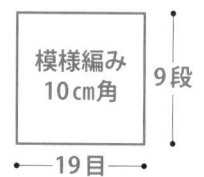
模様編み
10 cm角
9段
19目

作り方
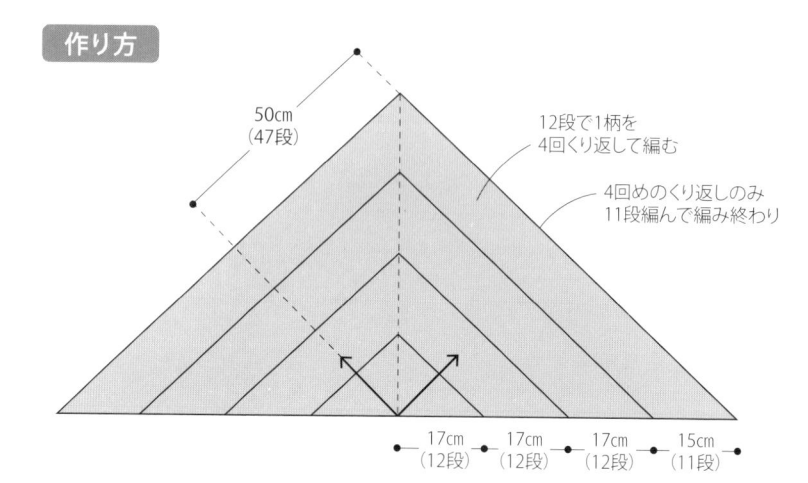

50cm（47段）

12段で1柄を
4回くり返して編む

4回めのくり返しのみ
11段編んで編み終わり

17cm（12段）　17cm（12段）　17cm（12段）　15cm（11段）

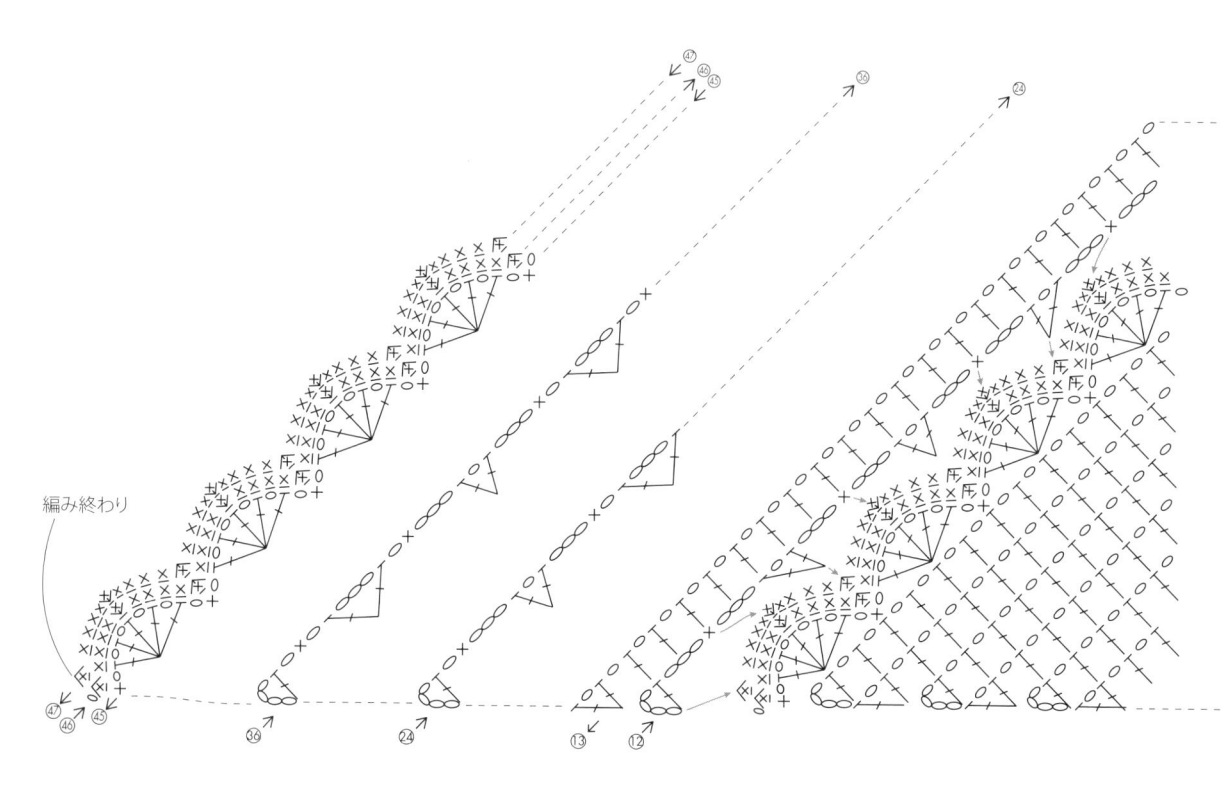

編み終わり

編み図

[♥部分拡大図]

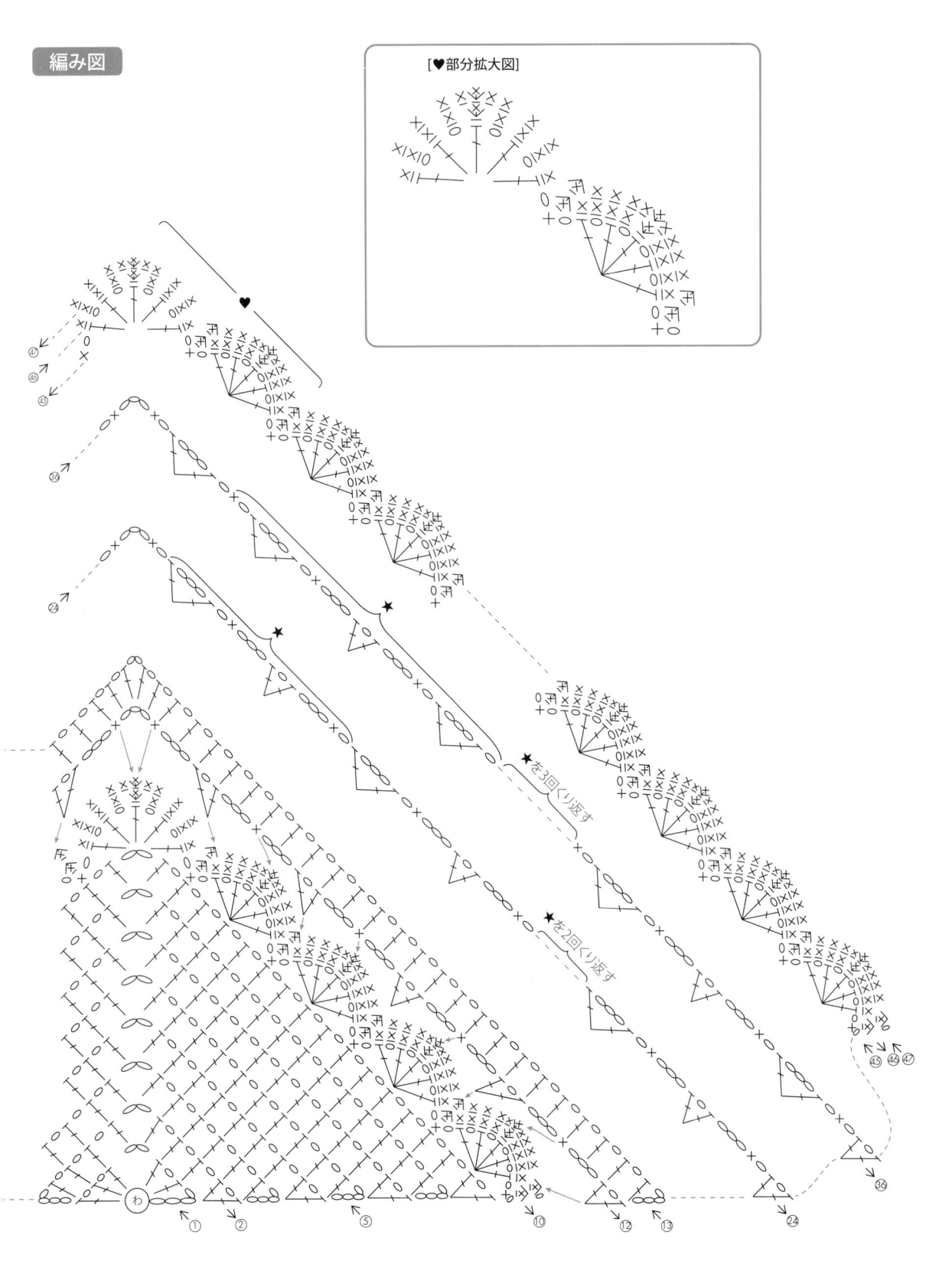

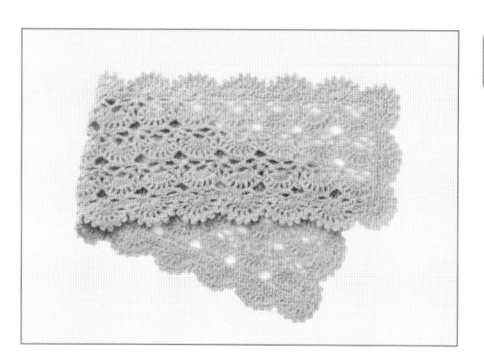

P.18 スカラップのミニショール

できあがり寸法
幅22㎝　長さ88㎝

材　料
糸：ハマナカ フラン
ベージュ (203)60g（2玉）

針
かぎ針7/0号

ゲージ

模様編み
10㎝角

11段

―18目―

作り方

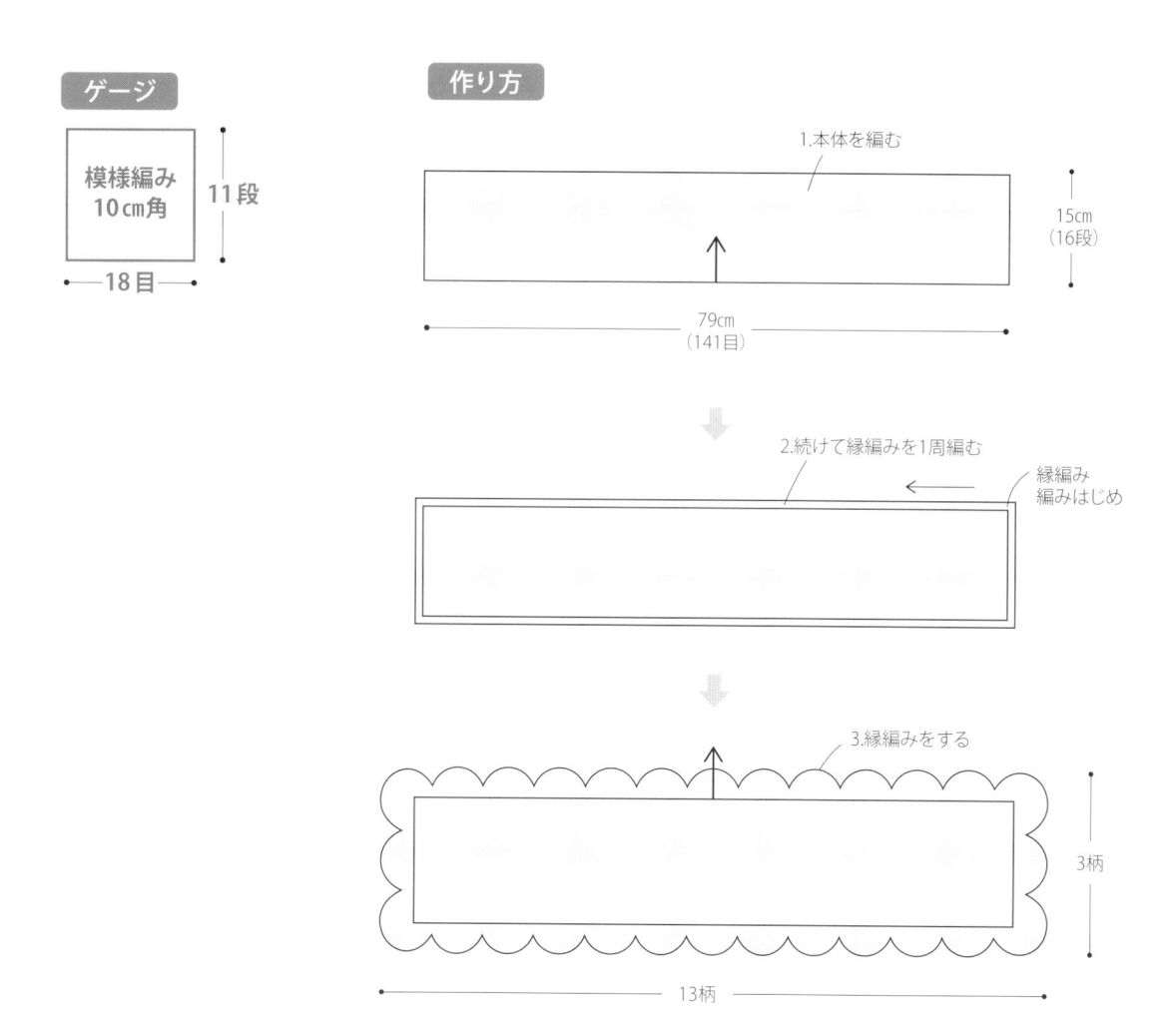

1.本体を編む

15cm
(16段)

79cm
（141目）

2.続けて縁編みを1周編む

縁編み
編みはじめ

3.縁編みをする

3柄

13柄

64

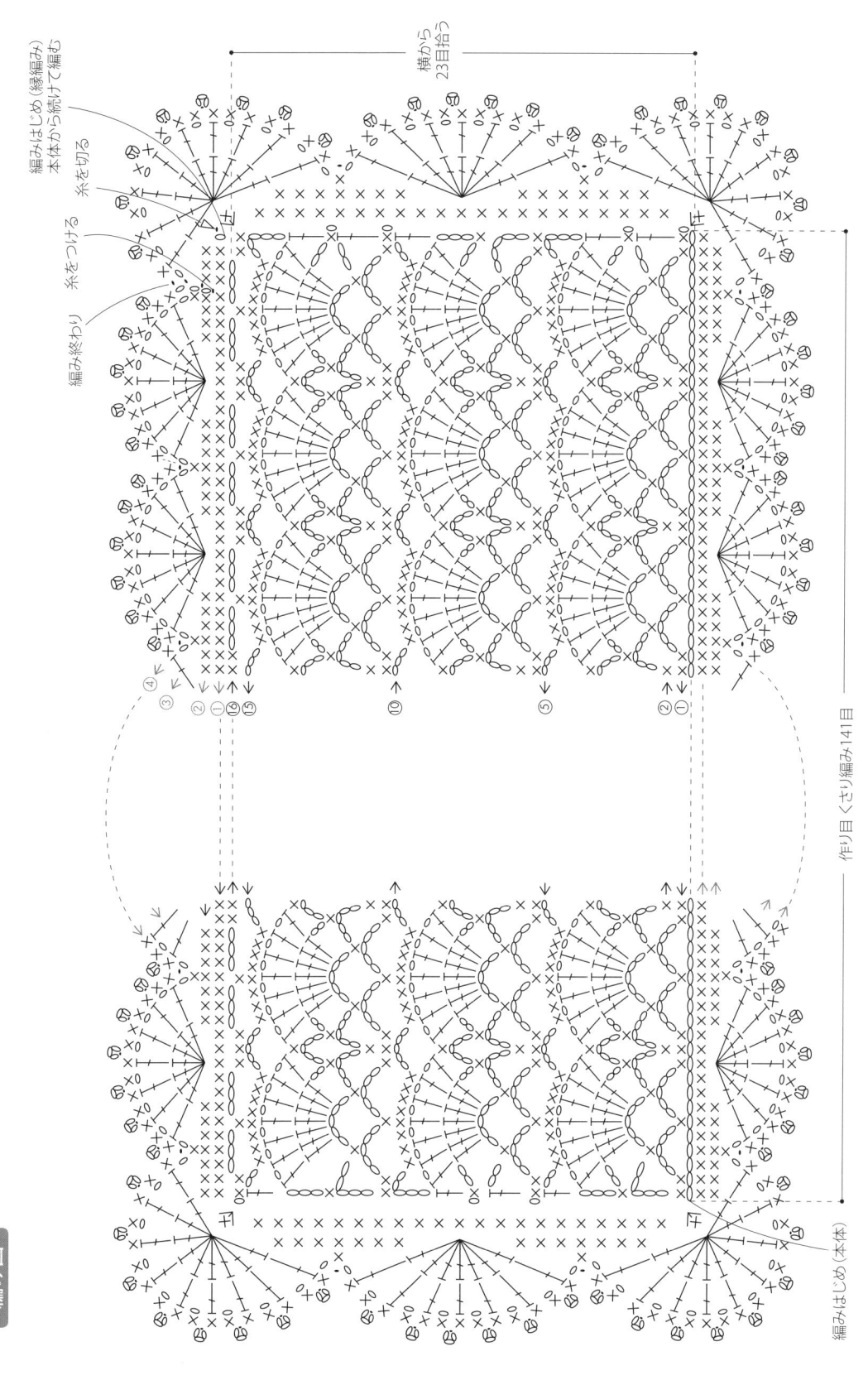

編み図

65

P.24 グラデーションの糸で
三角ストール

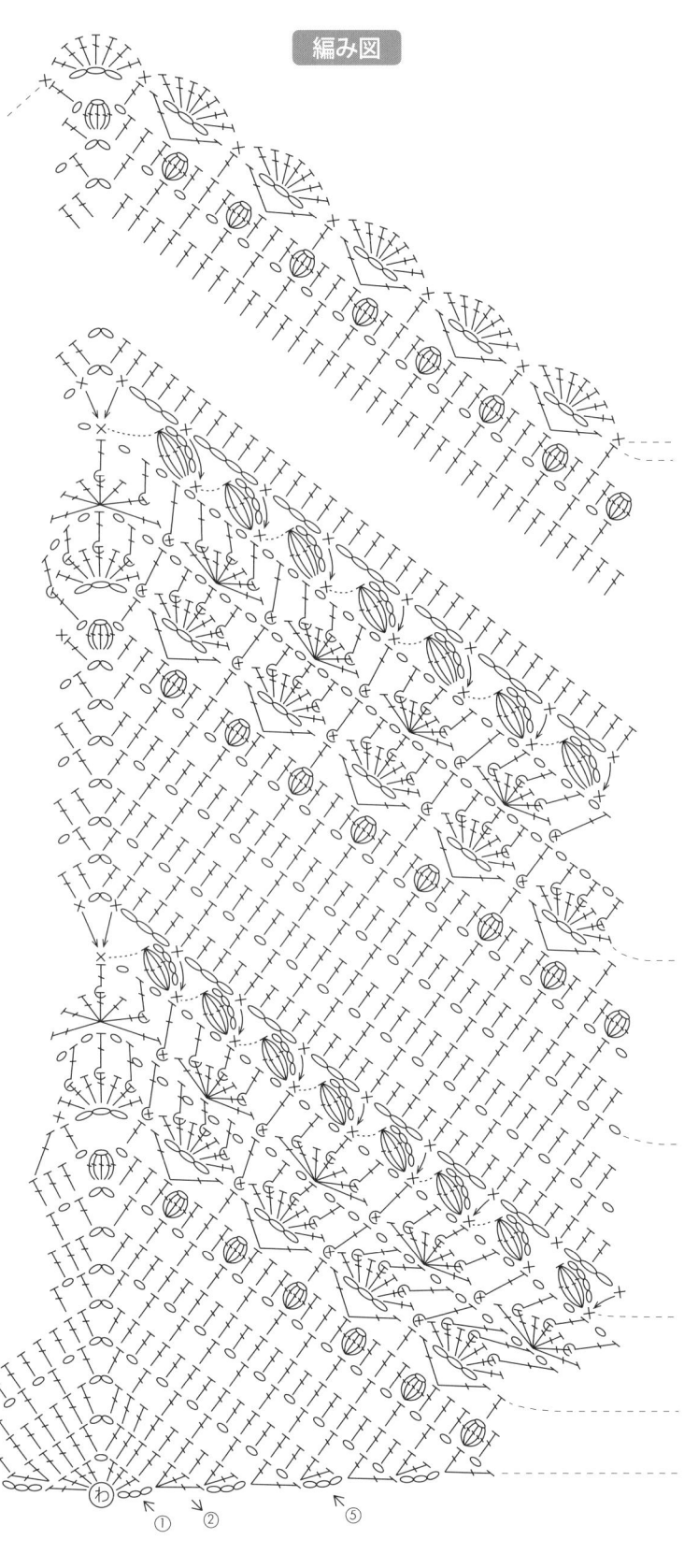

材　料

糸：ハマナカ ランタナ
ブルーパープル（202）300g（1玉）

針

かぎ針 3/0号

ゲージ

模様編み 10㎝角
15段
←27目→

できあがり寸法

横144㎝　縦60㎝

※作り方図はP.68

［71・72段めの端の編み方］

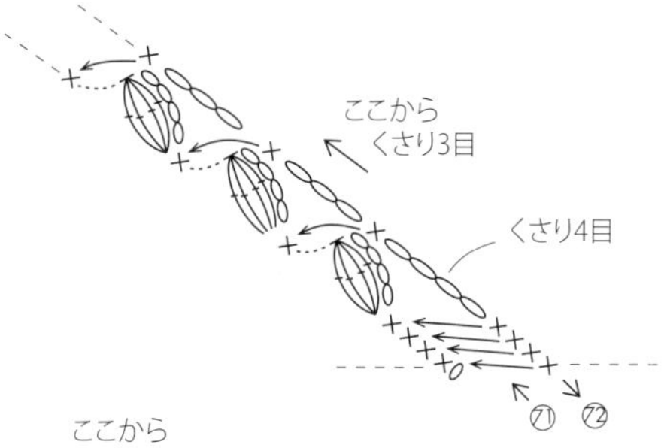
ここから
くさり3目
くさり4目
(71)
(72)

［57・58段めの端の編み方］

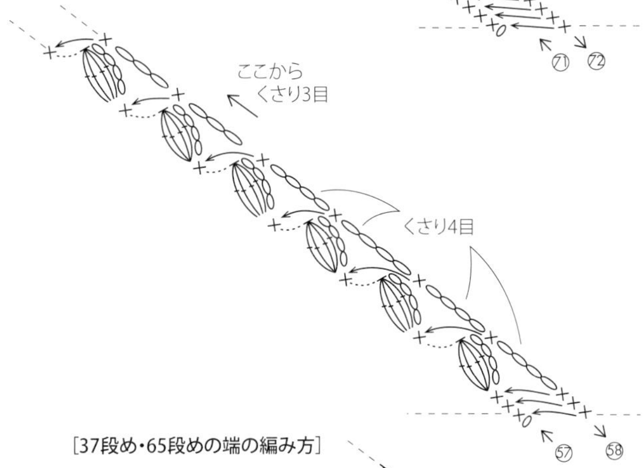
ここから
くさり3目
くさり4目
(57)
(58)

［37段め・65段めの端の編み方］

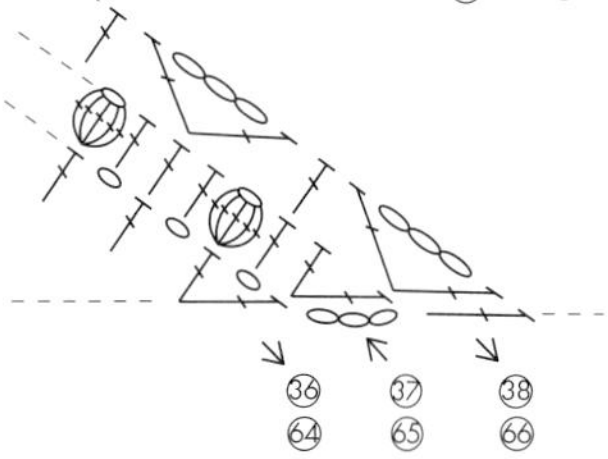
㊱
(37)
(38)
(64)
(65)
(66)

※51段め・79段めの端の
編み方は23段めと同じ

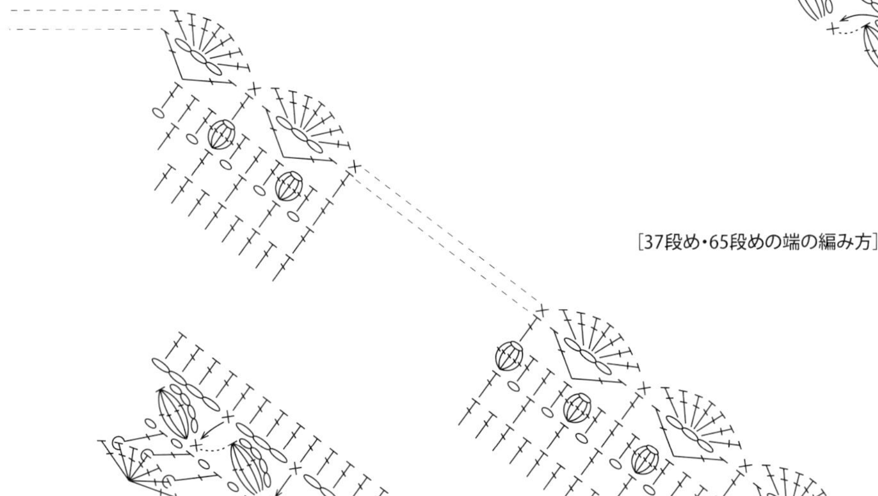

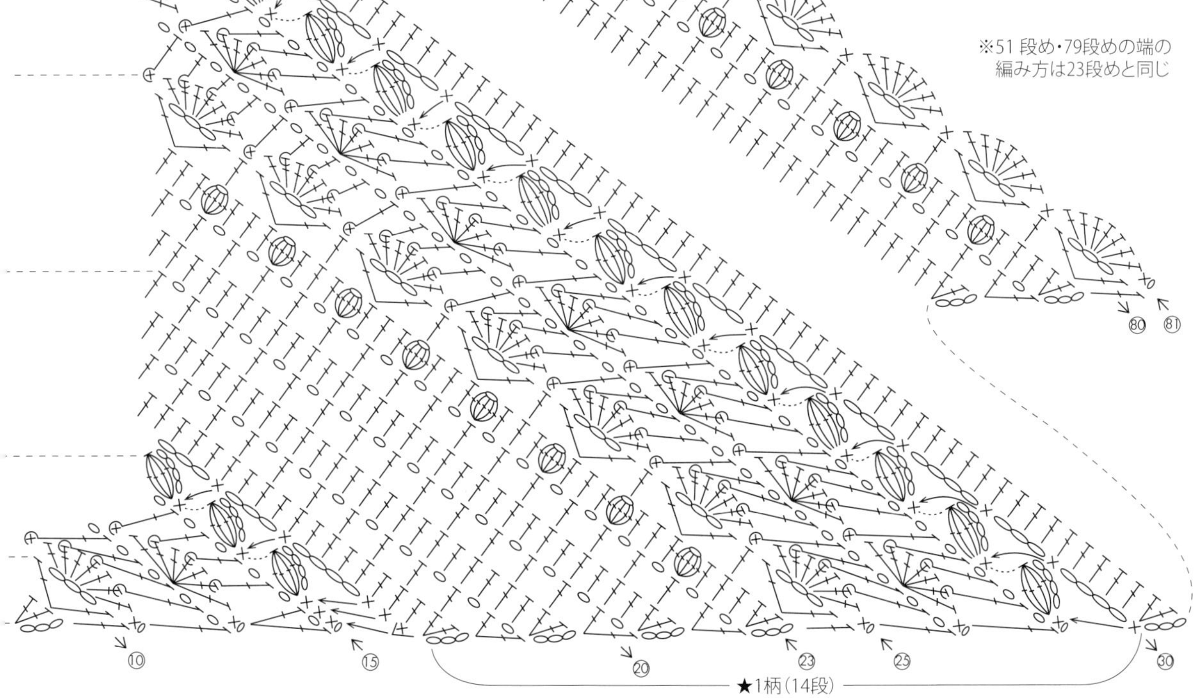
⑩
⑮
⑳
㉓
㉕
㉚
(80)
(81)
★1柄（14段）

P.24 グラデーションの糸で三角ストール

作り方

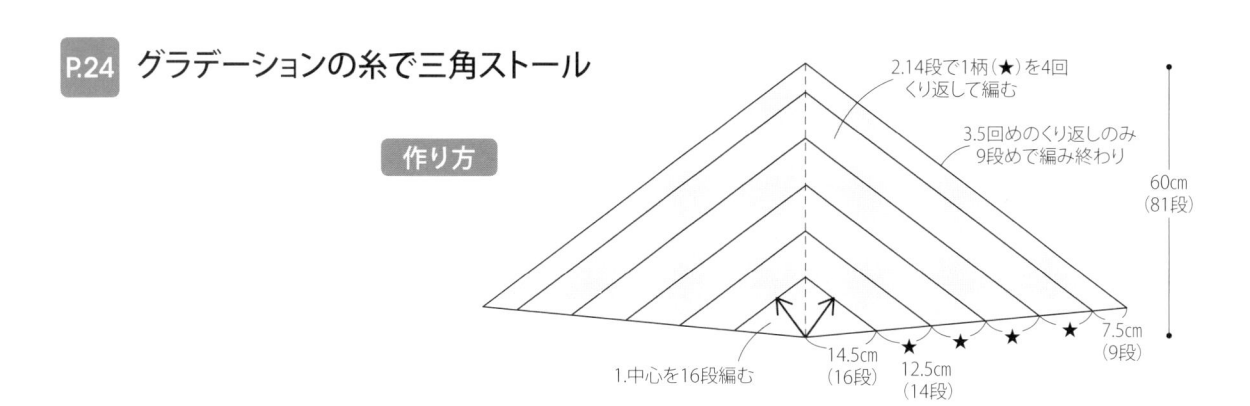

2.14段で1柄（★）を4回
くり返して編む

3.5回めのくり返しのみ
9段めで編み終わり

60cm
（81段）

7.5cm
（9段）

1.中心を16段編む

14.5cm
（16段）

12.5cm
（14段）

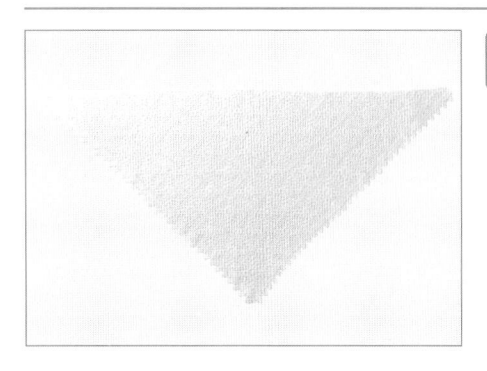

P.20 モチーフ編みの白い三角ストール

できあがり寸法
横 145cm　縦 72cm

材　料

糸：ハマナカ アメリー
ナチュラルホワイト（20）300g（8玉）

針

かぎ針 5/0号

大きさ

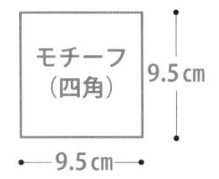

モチーフ
（四角）

9.5cm

←— 9.5cm —→

モチーフ
（三角）

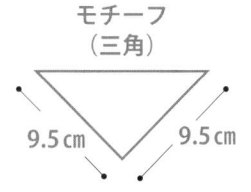

9.5cm　　9.5cm

※縁編みの編み図はP.70

作り方

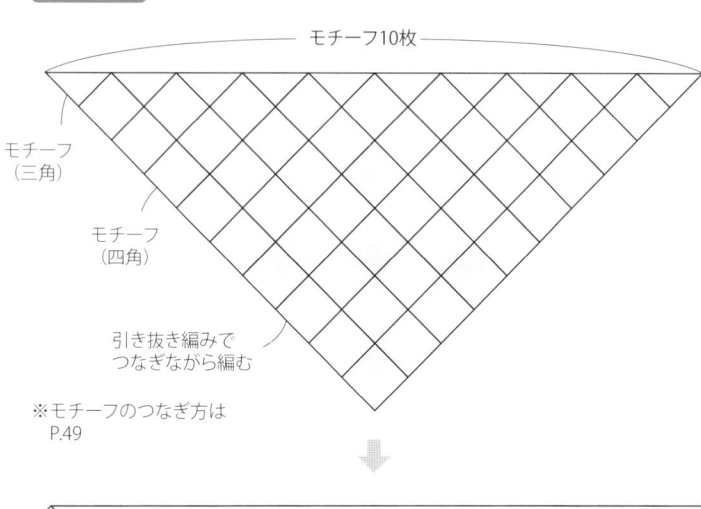

モチーフ10枚

モチーフ
（三角）

モチーフ
（四角）

引き抜き編みで
つなぎながら編む

※モチーフのつなぎ方は
　P.49

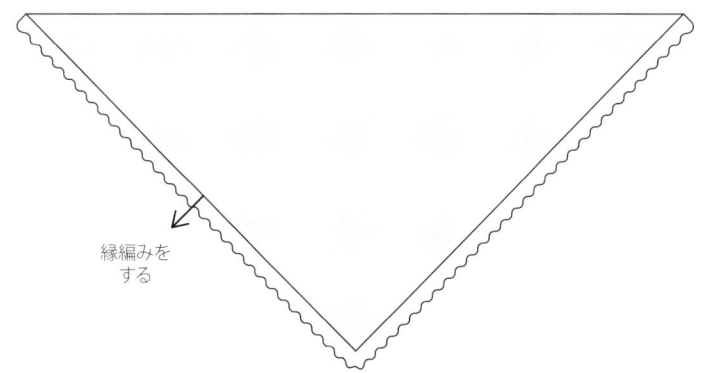

縁編みを
する

[モチーフ（四角）・45 枚]

編み終わり

[モチーフ（三角）・10 枚]

編み終わり

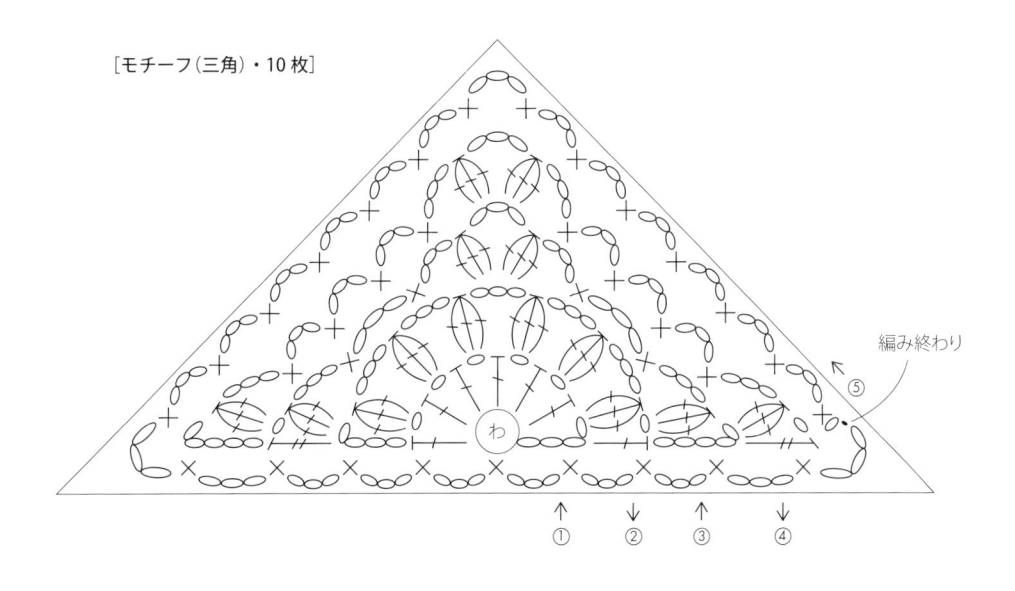

編み図

[縁編みとつなぎ方]

糸をつける

最終段で●の目を
引き抜きながら編みつなぐ

[★部分拡大図]

ピコットは
くさり3目の1目めに
引き抜く

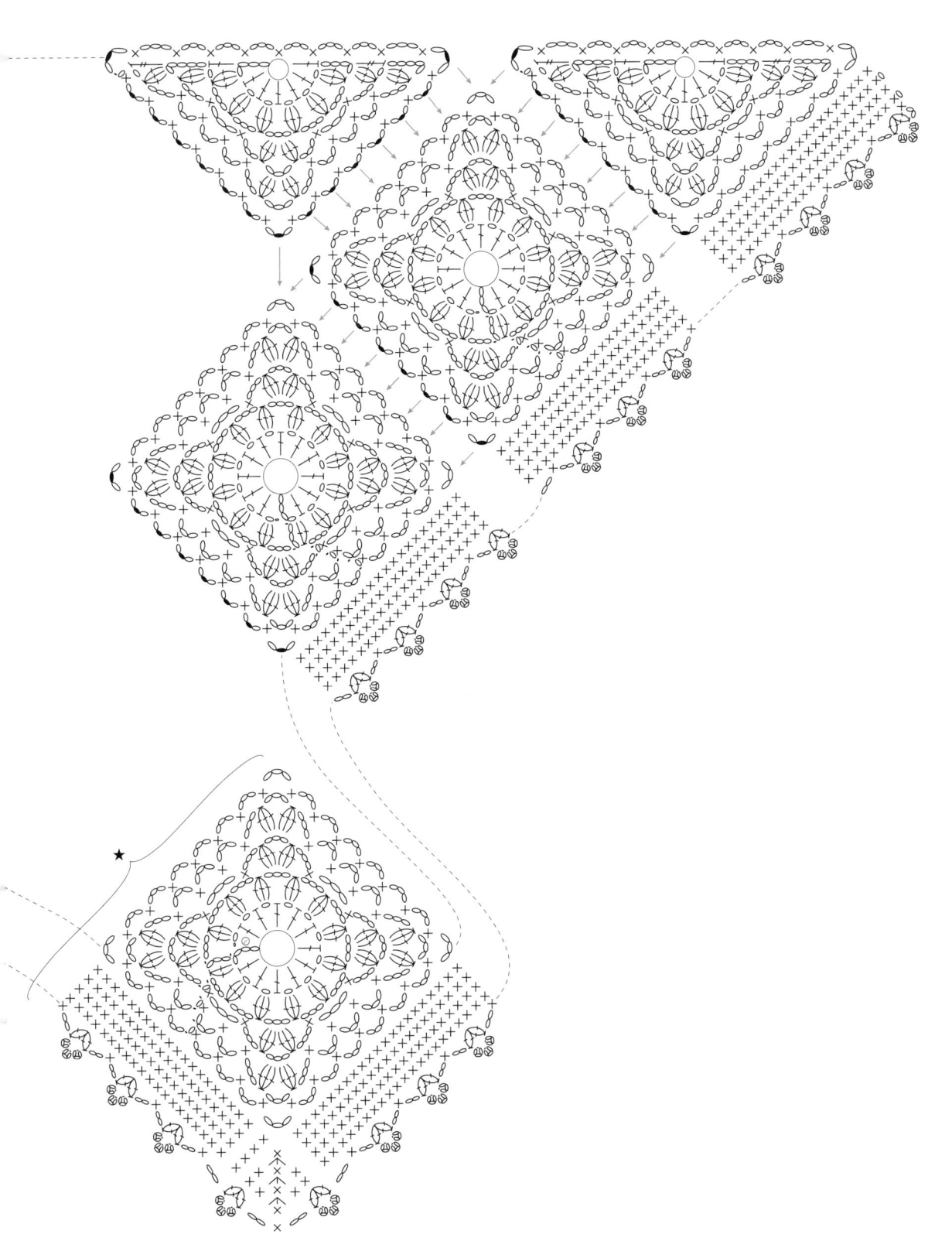

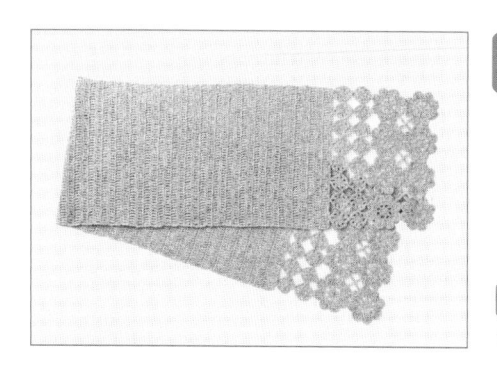

P.22 花のモチーフのショール

できあがり寸法

幅36cm 長さ186cm

材料

糸：ハマナカ ソノモノアルパカリリー
グレー（114）290g（8玉）

針

かぎ針8/0号

ゲージ

長々編み
10cm角
5.5段
━15目━

モチーフ（丸）
4.5cm

モチーフ（花）
9cm

編み図

［モチーフ（丸）:32枚］

［モチーフ（花）:16枚］

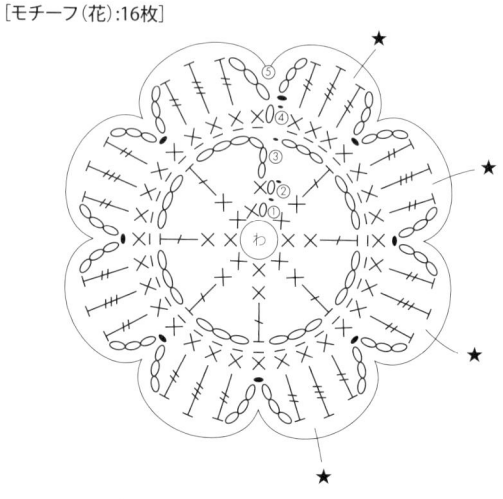

となりのモチーフと編みつなぐときは、
★の位置で引き抜きながら編みつなぐ

作り方

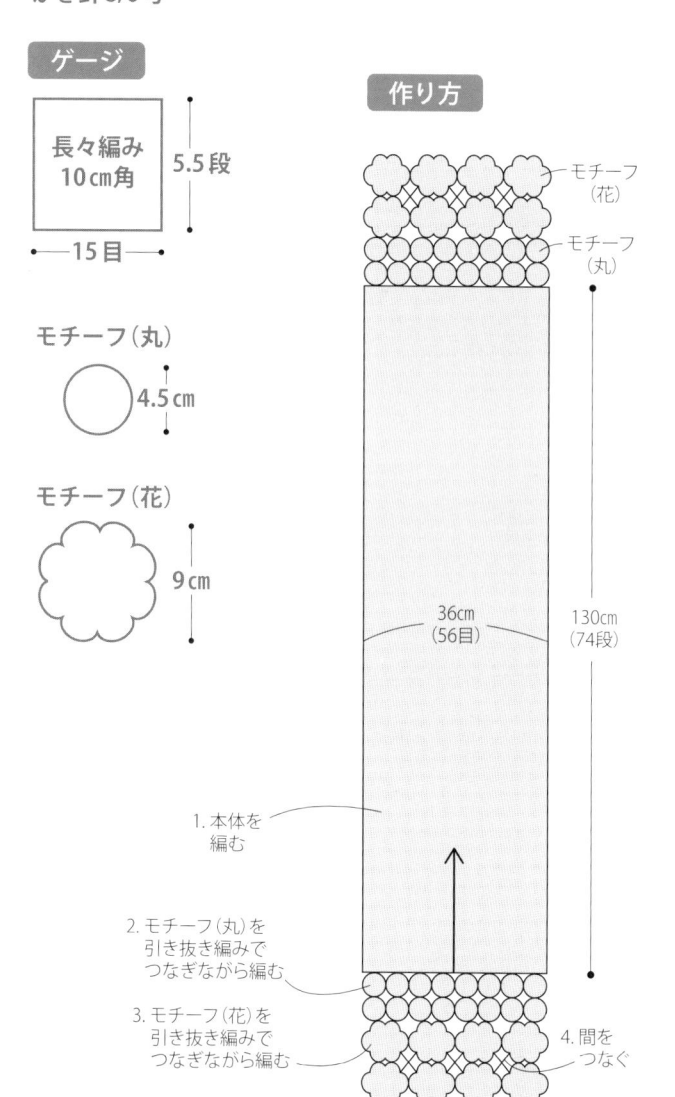

モチーフ（花）

モチーフ（丸）

36cm
（56目）

130cm
（74段）

1. 本体を
編む

2. モチーフ（丸）を
引き抜き編みで
つなぎながら編む

3. モチーフ（花）を
引き抜き編みで
つなぎながら編む

4. 間を
つなぐ

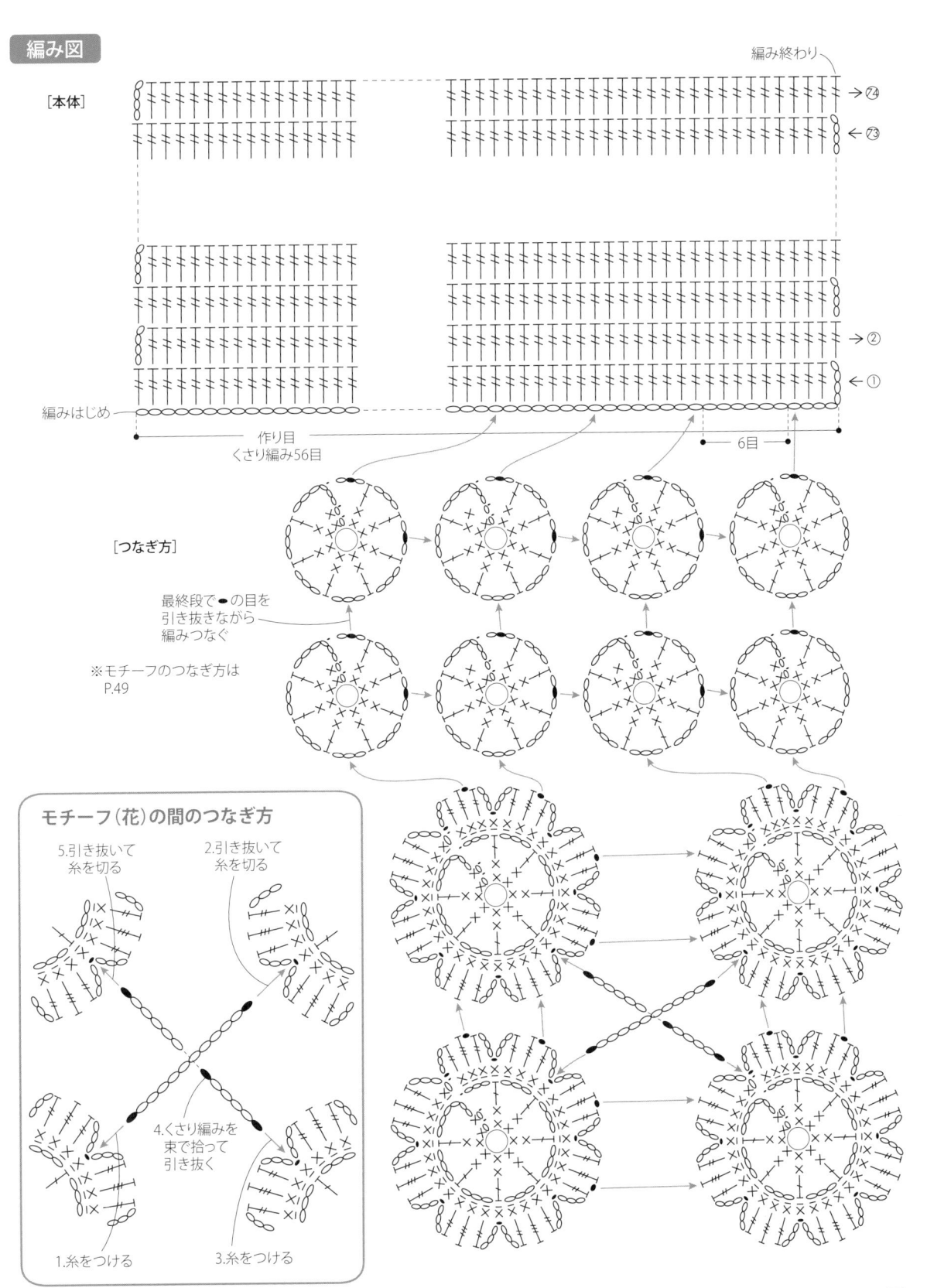

[本体]

編み終わり

→ ⑭
← ⑬

→ ②
← ①

編みはじめ

作り目
くさり編み56目

6目

[つなぎ方]

最終段で●の目を
引き抜きながら
編みつなぐ

※モチーフのつなぎ方は
P.49

モチーフ(花)の間のつなぎ方

5.引き抜いて
糸を切る

2.引き抜いて
糸を切る

4.くさり編みを
束で拾って
引き抜く

1.糸をつける

3.糸をつける

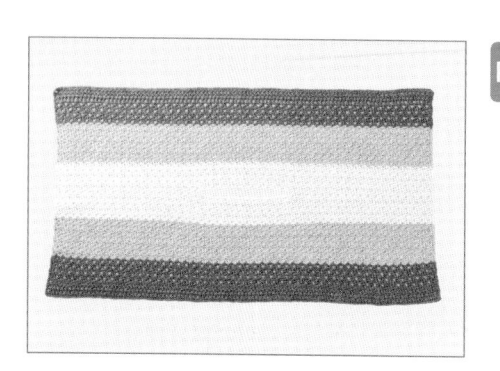

P.26 # 穴をあけた3色ショール

あき口の編み方

1. 20段めまで編む

2. 糸をつける

3. くさり編みをする

4. 引き抜いて糸を切る

5. 21段から続けて編む

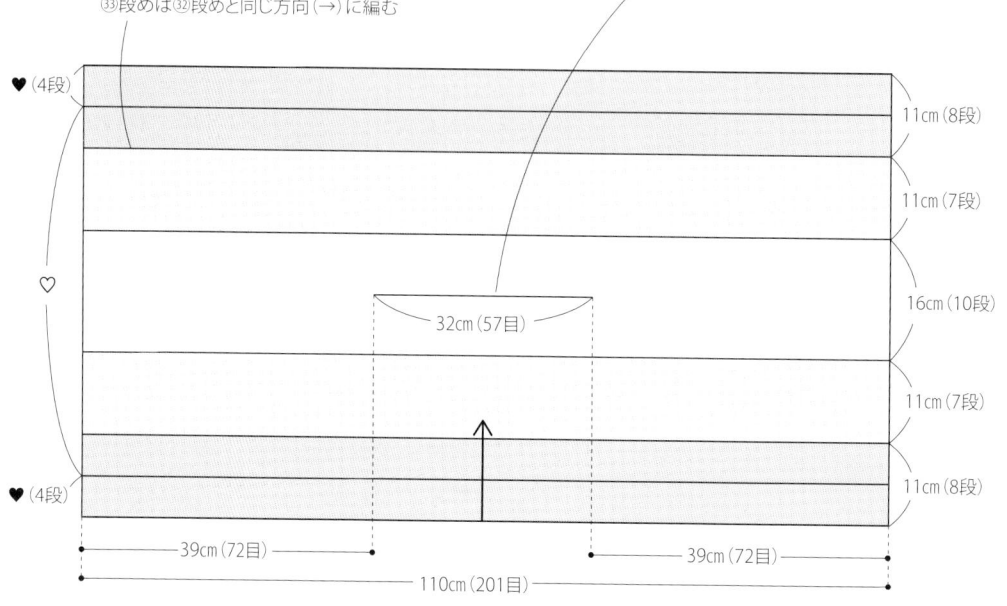

材 料

糸：ハマナカ ソノモノアルパカウール
茶(43)160g(4玉)、ベージュ(42)130g(4玉)、
生成り(41)100g(3玉)

針

かぎ針7/0号
8/0号

ゲージ

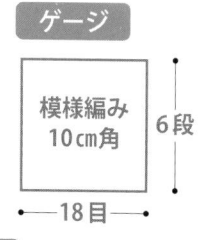

模様編み
10cm角　6段
18目

できあがり寸法

横110cm　縦60cm

作り方

㉝段めは㉜段めと同じ方向（→）に編む

♥(4段)

11cm(8段)

11cm(7段)

16cm(10段)

32cm(57目)

♡

11cm(7段)

11cm(8段)

♥(4段)

39cm(72目)　　39cm(72目)

110cm(201目)

♥①〜④段、㊲〜㊵段はかぎ針7/0号を使用(8/0号を使用する場合は、少しきつめに編む)
♡⑤〜㊱段はかぎ針8/0号を使用

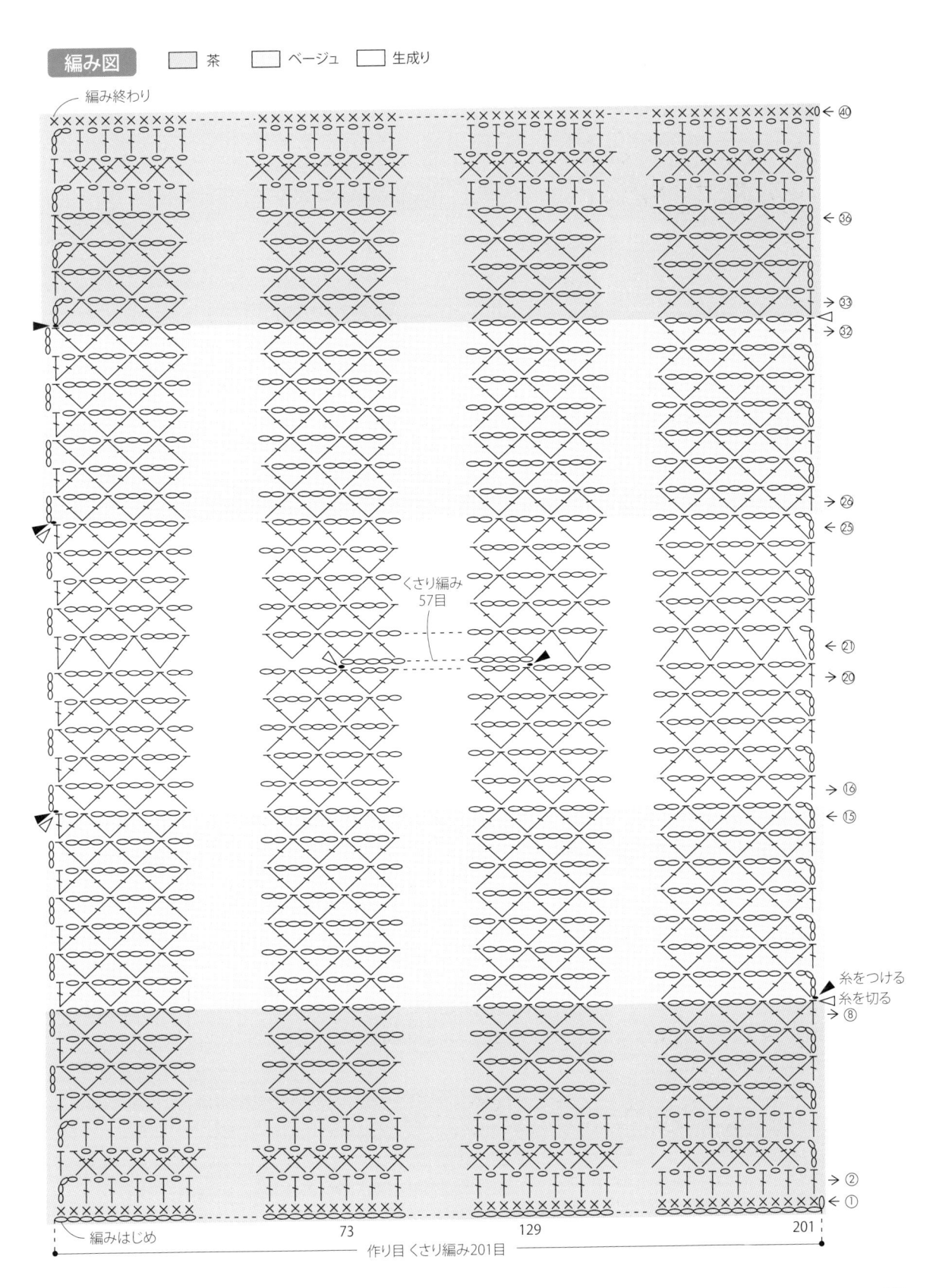

編み図 茶 ベージュ 生成り

編み終わり

編みはじめ

73 129 201

作り目 くさり編み201目

くさり編み 57目

糸をつける
糸を切る

編み終わり

← ④
← ㊱
→ ㉝
→ ㉜
→ ㉖
← ㉕
← ㉑
→ ⑳
→ ⑯
← ⑮
→ ⑧
→ ②
← ①

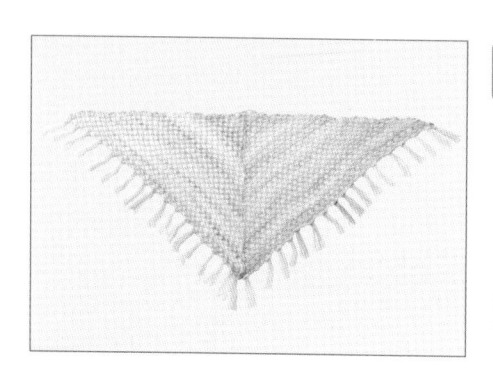

P.28 フリンジの小さな三角ストール

できあがり寸法
横100cm　縦45cm（フリンジを除く）

材　料
糸：ハマナカ ディーナ
パステル系（1）70g（2玉）

針
かぎ針5/0号

ゲージ

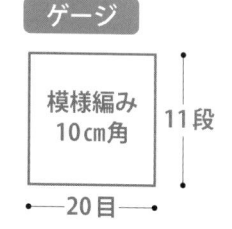

模様編み
10cm角
11段
20目

作り方

1. 2枚編む

30cm
(33段)

65cm
(136目)

2. かがりはぎ（半目）ではぐ

3. フリンジをつける

フリンジ18本

編み図 [本体・2枚]

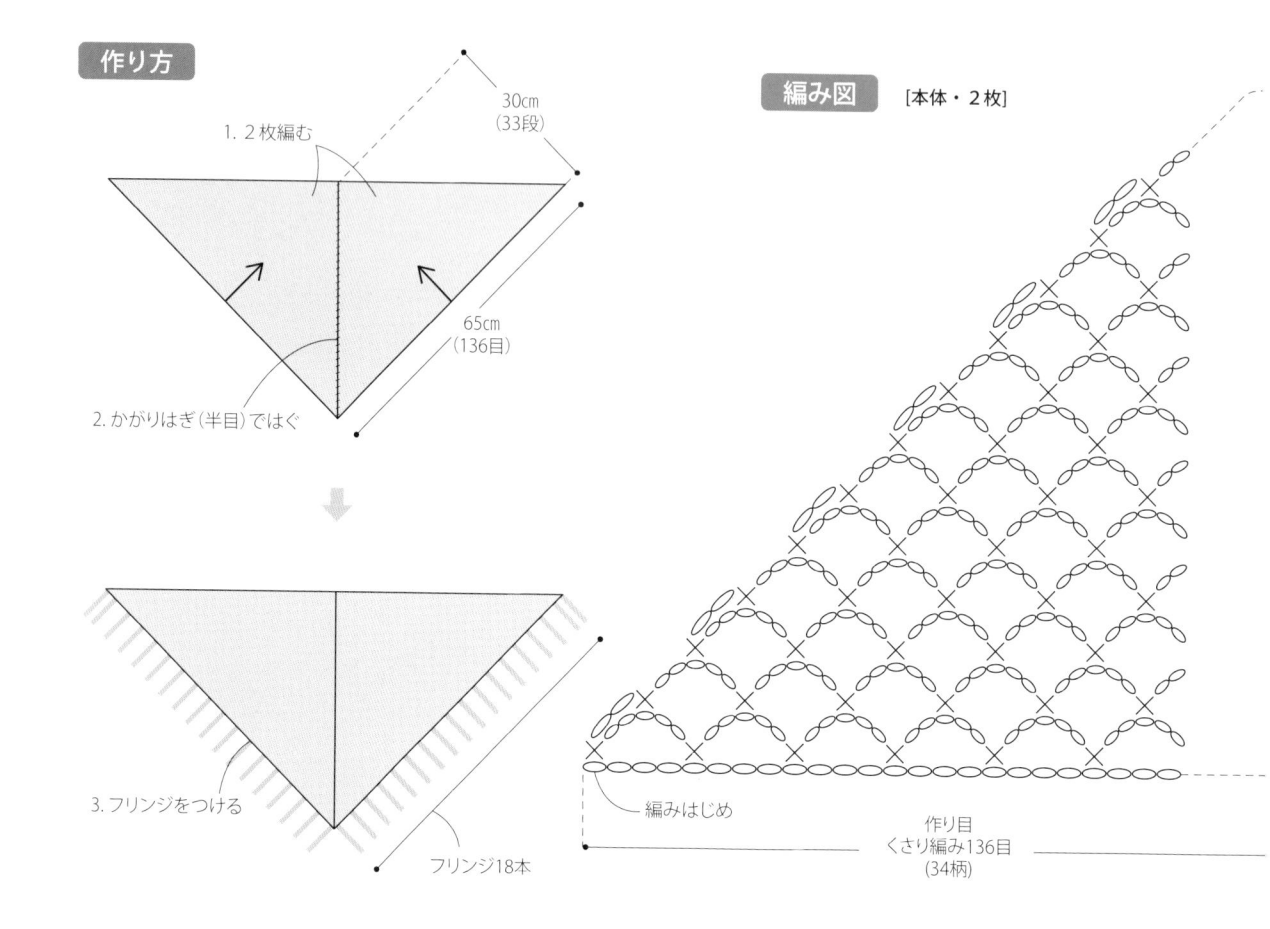

編みはじめ

作り目
くさり編み136目
(34柄)

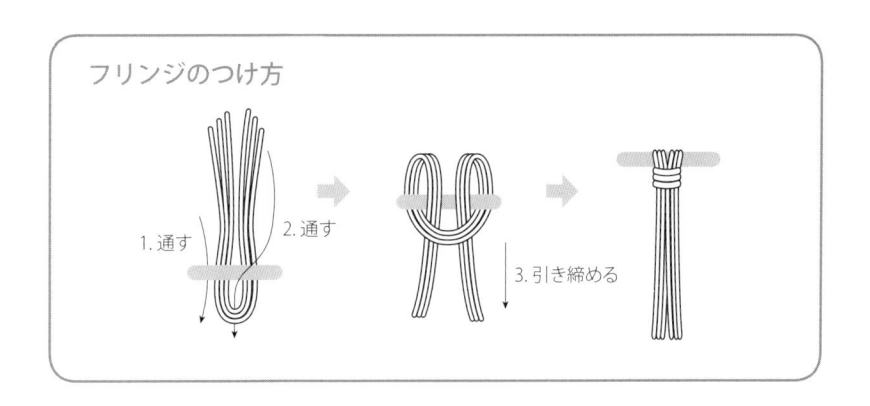

フリンジのつけ方

1. 通す　2. 通す

3. 引き締める

柄1つおきにつける

20cm
3本

両角のみ
1柄あけずに
つける

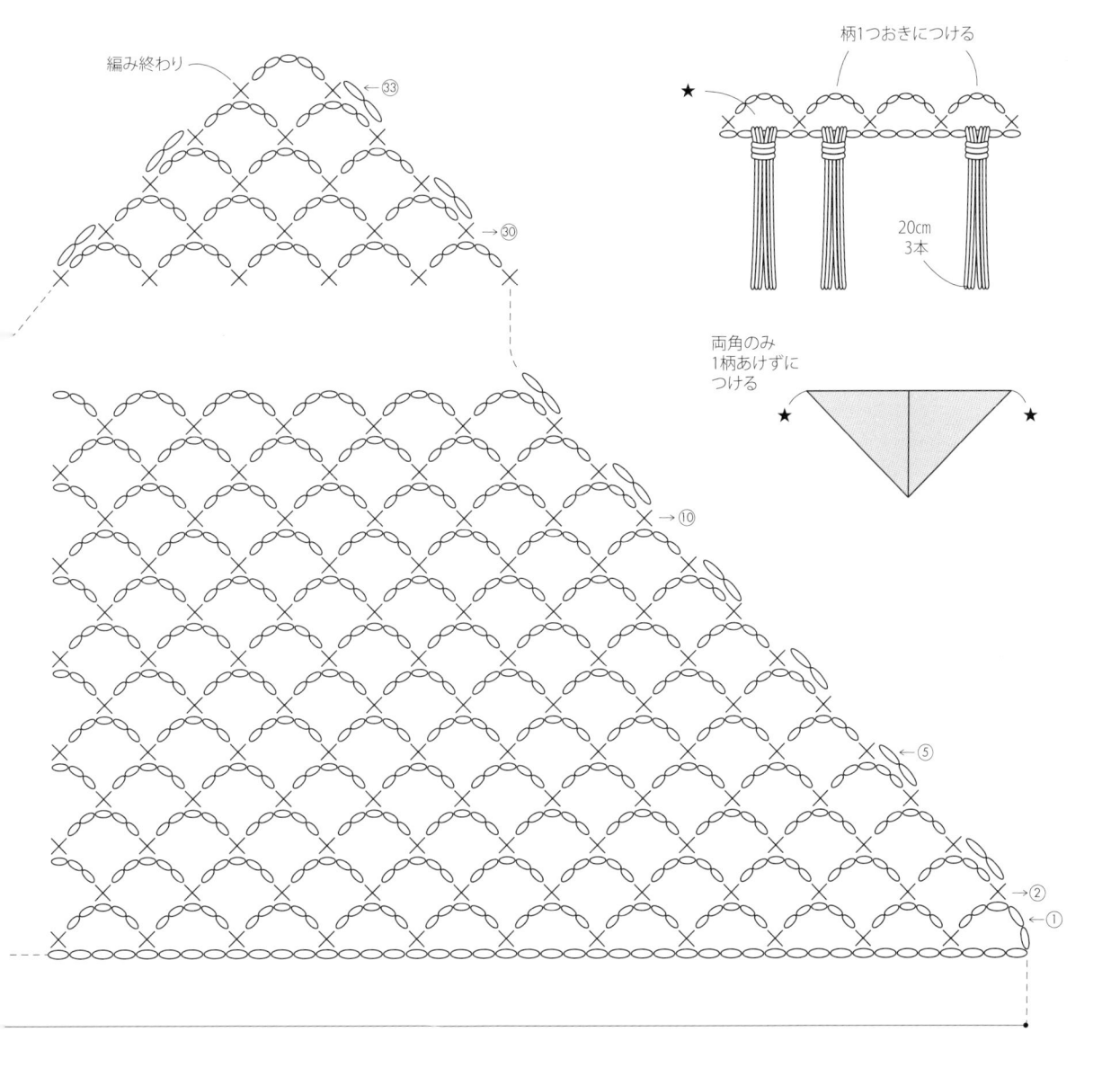

編み終わり

←㉝

→㉚

→⑩

←⑤

→②

①

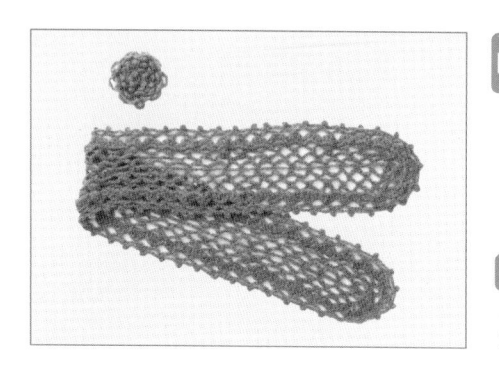

できあがり寸法
ミニショール：幅13㎝　長さ98㎝
コサージュ：直径8㎝

材　料
糸：ハマナカ フラン
キャメル（204）ショール：30g（1玉）、コサージュ：10g（1玉）
コサージュピン（台座直径3.3㎝・クリップ付き）：1個

針
かぎ針7/0号

ゲージ

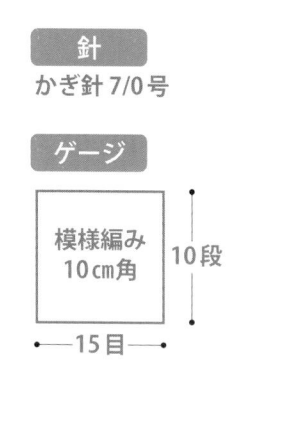

模様編み
10㎝角　10段
15目

作り方

[ミニショール]

13cm

98cm

[コサージュ]

9cm

（裏）　コサージュピン
　　　接着剤で貼る

編み図

[コサージュ]

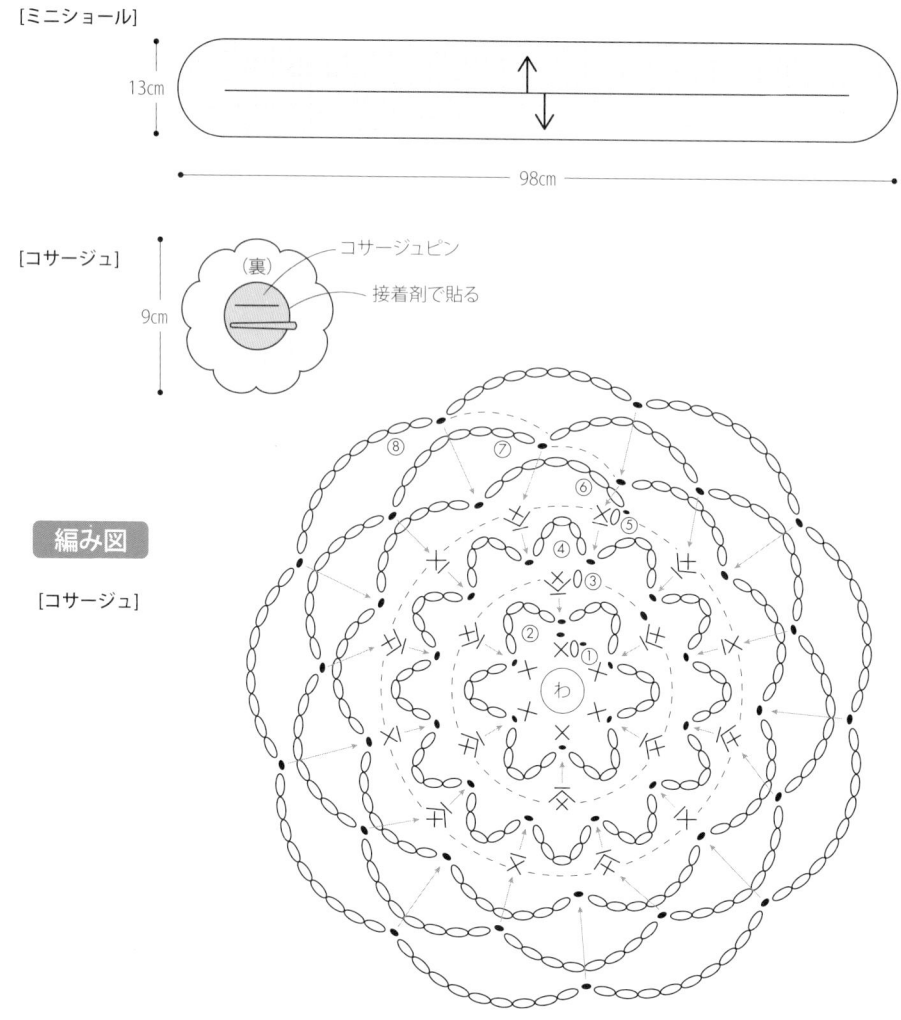

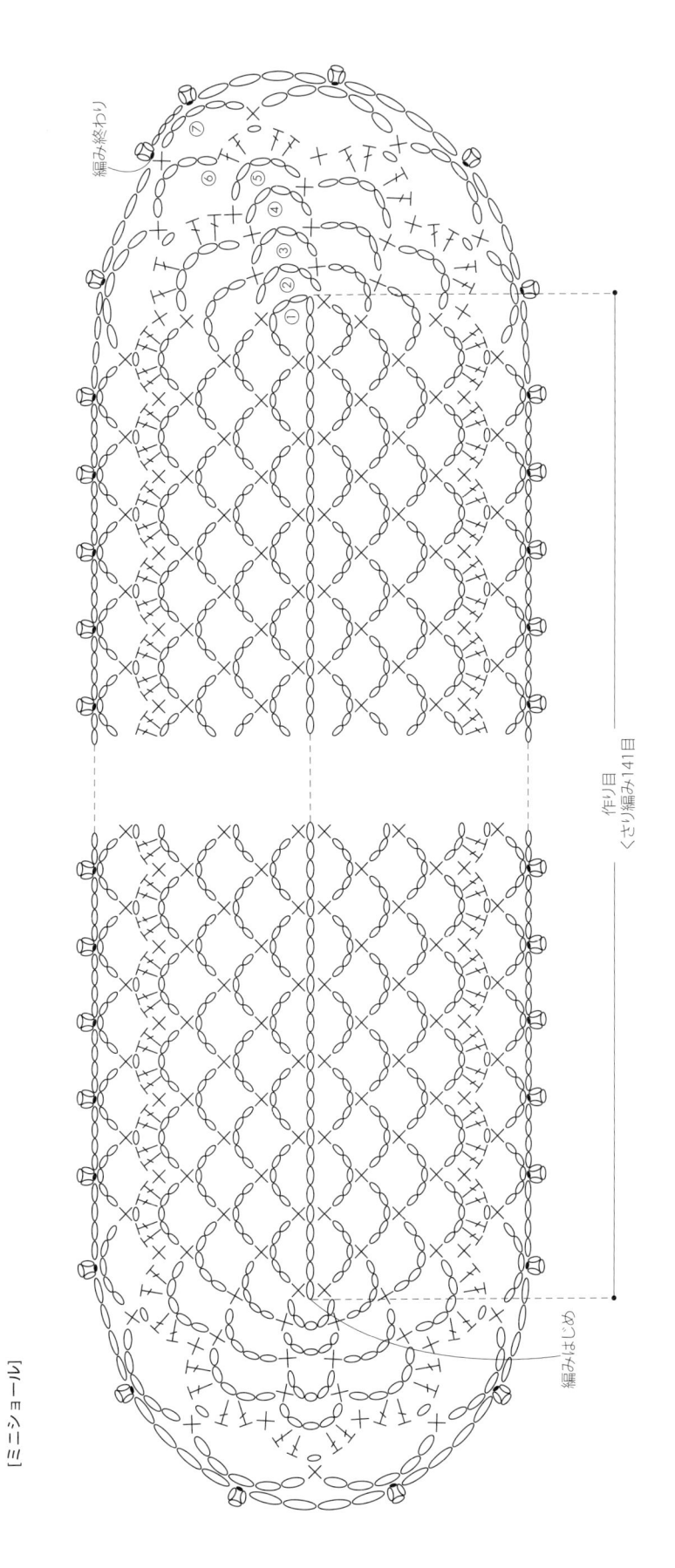

編み図

[ミニショール]

編み始め

編み終わり

作り目
〈さり編み141目

79

● 著者プロフィール

寺西 恵里子 てらにし えりこ

(株)サンリオに勤務し、子ども向けの商品の企画デザインを担当。退社後も"HAPPINESS FOR KIDS" をテーマに手芸、料理、工作を中心に手作りのある生活を幅広くプロデュース。その創作活動の場は、実用書、女性誌、子ども雑誌、テレビと多方面に広がり、手作りを提案する著作物は 600 冊を超える。

寺西恵里子の本

『アクレーヌで作る おいしい おままごと』(小社刊)
『ラブあみで作る編みもの＆ボンボンこもの』(辰巳出版)
『ニードルフェルトでねこあつめ』(デアゴスティーニ・ジャパン)
『もっと遊ぼう! フェルトおままごと』(ブティック社)
『0・1・2歳のあそびと環境』(フレーベル館)
『365日子どもが夢中になるあそび』(祥伝社)
『3歳からのお手伝い』(河出書房新社)
『基本がいちばんよくわかる かぎ針編みのれんしゅう帳』(主婦の友社)
『気持ちを伝えるおもてなし はじめてのおにぎり＆サンドイッチ 全4巻』(汐文社)
『30分でできる! かわいいうで編み＆ゆび編み』(PHP研究所)
『チラシで作るバスケット』(NHK出版)
『かんたん手芸5 毛糸でつくろう』(小峰書店)
『おしゃれターバンとヘアバンド50』(主婦と生活社)
『身近なもので作る ハンドメイドレク』(朝日新聞出版)
『作りたい 使いたい エコクラフトのかごと小物』(西東社)

● 協賛メーカー

この本に掲載しました作品はハマナカ株式会社の製品を使用しています。
糸・副資材のお問い合わせは下記へお願いします。

ハマナカ株式会社
〒616-8585　京都市右京区花園藪ノ下町2番地の3
TEL/075(463)5151(代)　FAX/075(463)5159
ハマナカコーポレートサイト ● www.hamanaka.co.jp
e-mailアドレス ● info@hamanaka.co.jp
手編みと手芸の情報サイト「あむゆーず」● www.amuuse.jp

● スタッフ

撮影　奥谷仁　安藤友梨子
ヘアメイク　Asami Horie
スタイリング　池田直子(PPP)
モデル　Deimante
デザイン　ネクサスデザイン
トレース　うすいとしお
作品制作　森留美子　大島ちとせ　上田節子　齋藤沙耶香　奈良緑里
作り方　千枝亜紀子
校閲　校正舎楷の木
進行　鏑木香緒里
Thanks Natsuko, HAYURU, Yukiko, Ichimei

【読者の皆様へ】
本書の内容に関するお問い合わせは、
お手紙またはFAX(03-5360-8047)、メール (info@TG-NET.co.jp) にて承ります。
恐縮ですが、電話でのお問い合わせはご遠慮ください。
『毎日使えるショール＆ストール』編集部
＊本書に掲載している作品の複製・販売はご遠慮ください。

かぎ針で編むショール＆ストール

2019年12月5日 初版第1刷発行

著　者　寺西 恵里子
発行者　廣瀬 和二
発行所　株式会社 日東書院本社　〒160-0022　東京都新宿区新宿2丁目15番14号 辰巳ビル
TEL　03-5360-7522 (代表)　FAX　03-5360-8951 (販売部)
振替　00180-0-705733　URL　http://www.TG-NET.co.jp/
印刷　三共グラフィック株式会社　製本　株式会社セイコーバインダリー